The Basic Knowledge of National Flags and Emblems

国旗・国章の基礎知識
〈図解事典〉
Illustrated Encyclopedia

苅安 望
Nozomi kariyasu

えにし書房

はじめに

　国を代表する旗が国旗で、国を代表する紋章が国章です。

　どちらも国の大切なシンボルですが、国旗・国章を正しく知ることによって、世界の政治経済、地理歴史、宗教文化が丸わかりしてしまうプロセスを本にして見ました。

　そもそも世界を構成している独立国と非独立国の数を知ることから始め、国旗・国章がどこでどのように使われているか、国旗の形状・使われている色数・縦横の比率・国旗デザイン作者・間違いやすい国旗・国旗の掲揚プロトコールや国章の構成要素・8種類の形・6種類のデザイン・モチーフ・国章制定年ランキングなど国旗と国章を理解する基礎知識を整理しました。

　その上で大陸別に197ヵ国の国旗・国章を並べて地域特性を見つけ出します。デザイン別に整理することによって大陸文化の違いが見えてきます。

　次にアジア諸国から中国、インド、トルコ、サウジアラビア、韓国、ネパール6ヵ国、北米南米諸国から米国、カナダ、メキシコ、アルゼンチン、ブラジル、パラグアイ6ヵ国、オセアニア諸国からオーストラリア、ニュージーランド2ヵ国、アフリカ諸国からエジプト、リビア、南アフリカ共和国3ヵ国、ヨーロッパ諸国から英国、オランダ、ロシア、フランス、ドイツ5ヵ国の計22ヵ国の世界の主だった国々の過去から現在まで使われている国旗と国章を時系列に並べ、それらのデザインが象徴する事柄を調べて時代背景を理解します。

　最後に国旗・国章とオリンピックなどスポーツとの関係を実例を示しながら確認していきます。本書は色とりどりのデザインを楽しく眺めながら国旗・国章の基礎知識が理解できる図解事典になっています。巻末には本編の理解を促す一助となるよう読者の便宜を図り、197の独立国の国旗・国章と13の国際オリンピック・国際パラリンピック委員会加盟地域の域旗・域章をすべて掲載した一覧を付けました。

　本書をきっかけに更に旗や紋章に興味をもたれた読者や入会を希望される読者は筆者が所属する日本旗章学協会にお気軽にお問い合わせください。

日本旗章学協会ウエブサイト　http://j-flags-java.jimdo.com/

2018年11月　苅安　望

国旗・国章の基礎知識　目次

はじめに ……………………………………………………………… 3

国旗編

そもそも世界に国はいくつある？ ………………………………… 10
世界にまだ植民地はあるのか？ …………………………………… 12
国旗とは？ …………………………………………………………… 14
日本の国旗・日の丸について ……………………………………… 15
多くの国旗が見られる場所は ……………………………………… 17
国旗のかたち ………………………………………………………… 18
国旗の縦横比率 ……………………………………………………… 19
国旗に使われている色数 …………………………………………… 23
国旗デザインの地域特性 …………………………………………… 24
共通の色を使った国旗グループ …………………………………… 34
間違いやすい国旗たち ……………………………………………… 40
誰が国旗をデザインしたか ………………………………………… 42
国旗のプロトコール　国旗の揚げ方 ……………………………… 49
アジア諸国の国旗 …………………………………………………… 51
　　［1］　中国 ……………………………………… 51
　　［2］　インド …………………………………… 56
　　［3］　トルコ …………………………………… 58
　　［4］　サウジアラビア ………………………… 60
　　［5］　韓国 ……………………………………… 62
　　［6］　ネパール ………………………………… 65

北米・南米諸国の国旗 ……………………………………………… 67
　　［1］　米国 ……………………………………… 67
　　［2］　カナダ …………………………………… 71
　　［3］　メキシコ ………………………………… 73
　　［4］　アルゼンチン …………………………… 75
　　［5］　ブラジル ………………………………… 78
　　［6］　パラグアイ ……………………………… 81

オセアニア諸国の国旗 …………………………………………… 83
  ［1］ オーストラリア…………………………… 83
  ［2］ ニュージーランド………………………… 85

アフリカ諸国の国旗 …………………………………………… 87
  ［1］ エジプト…………………………………… 87
  ［2］ リビア……………………………………… 90
  ［3］ 南アフリカ共和国………………………… 93

ヨーロッパ諸国の国旗 ………………………………………… 97
  ［1］ 英国………………………………………… 97
  ［2］ オランダ…………………………………… 102
  ［3］ ロシア……………………………………… 105
  ［4］ フランス…………………………………… 108
  ［5］ ドイツ……………………………………… 112

国章編

国章とは何か？ ………………………………………………… 116
日本の国章は何か？ …………………………………………… 116
海外では国章はどのように使われているのか？ …………… 118
国章のかたち（構成要素） …………………………………… 120
盾型紋章分類と旗の基本意匠 ………………………………… 123
国章のかたちによる8分類 …………………………………… 126
国章デザインのモチーフ ……………………………………… 130
国章デザインの地域特性 ……………………………………… 132
国章制定年ランキング ………………………………………… 151
アジア諸国の国章 ……………………………………………… 156
  ［1］ 中 国……………………………………… 156
  ［2］ インド……………………………………… 158
  ［3］ トルコ……………………………………… 159
  ［4］ サウジアラビア…………………………… 160
  ［5］ 韓 国……………………………………… 161
  ［6］ ネパール…………………………………… 162

北米・南米諸国の国章 ………………………………………………… 164
 ［1］ 米国 ………………………………… 164
 ［2］ カナダ ……………………………… 165
 ［3］ メキシコ …………………………… 167
 ［4］ アルゼンチン ……………………… 169
 ［5］ ブラジル …………………………… 170
 ［6］ パラグアイ ………………………… 172

オセアニア諸国の国章 ………………………………………………… 174
 ［1］ オーストラリア …………………… 174
 ［2］ ニュージーランド ………………… 176

アフリカ諸国の国章 …………………………………………………… 177
 ［1］ エジプト …………………………… 177
 ［2］ リビア ……………………………… 179
 ［3］ 南アフリカ共和国 ………………… 181

ヨーロッパ諸国の国章 ………………………………………………… 184
 ［1］ 英国 ………………………………… 184
 ［2］ オランダ …………………………… 187
 ［3］ ロシア ……………………………… 190
 ［4］ フランス …………………………… 194
 ［5］ ドイツ ……………………………… 198

国章と国旗の深い関係 ………………………………………………… 200

国章・国旗とスポーツの関係 ………………………………………… 204

国旗・国章一覧（域旗・域章）

アジア ………………………………………… 210
北米 …………………………………………… 211
南米 …………………………………………… 211
オセアニア …………………………………… 212
アフリカ ……………………………………… 212
ヨーロッパ …………………………………… 213
国際オリンピック・国際パラリンピック委員会加盟地域 … 215

参考文献 ……………………………………… 215

国旗編

そもそも世界に国はいくつある？

　わが国の政府が承認している独立国が195ヵ国あり、承認していない唯一の独立国、北朝鮮に自国日本を加えて197ヵ国となる。

　過去10年間に誕生した国は2008年セルビアから独立したコソボ、2011年スーダンから独立した南スーダン、2011年日本政府が承認したクック諸島、同じく2015年承認のニウエが挙げられる。

　それでは第二次世界大戦後に発足した国際機関である国際連合加盟国の数は？

　197ヵ国の独立国からオセアニアのニウエ、クック諸島、ヨーロッパのコソボ、バチカン4ヵ国を除いた193ヵ国となる。

コソボ

南スーダン

クック諸島

ニウエ

バチカン

　では4年ごとに開催されるオリンピックに加盟している国と地域の数は？

　197ヵ国の独立国からニウエとバチカン2ヵ国を除いた195ヵ国に次の11地域を加えた206の国と地域となる。さらにパラリンピックにのみ加盟している地域にアジアのマカオとヨーロッパのフェロー諸島がある。

北中米：アルバ（オランダ領）、バージン諸島（イギリス領）、バミューダ（イギリス領）、
　　　　プエルトリコ（アメリカ領）、バージン諸島（アメリカ領）、ケイマン諸島（イギリス領）
オセアニア：グアム（アメリカ領）、サモア（アメリカ領）
アジア：香港、チャイニーズ・タイペイ、パレスチナ自治政府。

台湾は1984年のサラエボ冬季オリンピック大会よりオリンピックでの国旗の使用が禁じられており、国花の梅と国章の青天白日章、オリンピック・マークを配したチャイニーズ・タイペイ旗を使用している。

国際オリンピック加盟11地域

アルバ

英領バージン諸島

バミューダ

プエルトリコ

米領バージン諸島

ケイマン諸島

グアム

米領サモア

香港

チャイニーズ・タイペイ

パレスチナ自治政府

国際パラリンピック加盟2地域

マカオ

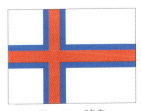
フェロー諸島

世界にまだ植民地はあるのか？

　オリンピック加盟の11地域、パラリンピックのみ加盟の2地域の他にも、アジア大陸を除き、以下の30あまりの植民地・海外領土が世界に存在する。

北米・南米：タークス・カイコス諸島、モンセラット、フォークランド諸島（以上イギリス領）、ギアナ、グアドループ、サンバルテレミ、サンピエール・ミクロン、サンマルタン、マルチニーク（以上フランス領）、キュラソー、シント・マルテン（以上オランダ領）

グリーンランド（デンマーク領）

オセアニア：ニューカレドニア、ポリネシア（以上フランス領）、北マリアナ諸島、ウェーク島（アメリカ領）

アフリカ：アセンシオン島、セントヘレナ、トリスタン・ダ・クーニャ、インド洋地域、南極地域（以上イギリス領）、南方南極地域、マイヨット島、レユニオン（以上フランス領）

ヨーロッパ：ジブラルタル、チャネル諸島（以上イギリス領）、スバールバル・ヤンマイエン諸島（ノルウェー領）、オーランド諸島（フィンランド領）、アゾレス諸島、マディラ諸島（ポルトガル領）

主だった6つの植民地旗を以下に示す。

1. フライに盾を描いた英国青色船舶旗はイギリス領フォークランド諸島。盾には白と青の波線、経済基盤の羊毛産業を表す羊、1592年にこの諸島を発見した3本マストの帆船「デザイア号」が描かれている。底部に「権利を求めよ」の標語リボン。

英領フォークランド諸島

2. 赤白の円を配した白赤横2色旗はデンマーク領グリーンランド。赤は海、白は国土を覆う氷、円は半分海に沈んだ北極地方の太陽と同時に円の赤はフィヨルド、白は氷山を示している。

デンマーク領グリーンランド

3. 赤い三角形と黄色い光線を配した青旗はフランス領レユニオン。黄は太陽と明るさ、赤は火山と力、青は空を表し、五つの光線は住民を構成するヨーロッパ人、中国人、アラブ人、インド人、マダガスカル人を示す。

フランス領レユニオン

4. 黒い屋根飾りを描いた黄色い円を配した青赤緑の横3色旗はフランス領ニューカレドニア。青は空、太平洋、主権、赤は独立闘争で流された血、緑は国土、黄色い円は太陽を表している。

フランス領ニューカレドニア

5. 中央にカヌーを描いた赤白赤の横3分割旗はフランス領ポリネシア。赤は勇気、白は理想の高さと純粋さ、オレンジの光は太陽、カヌーに乗る5人の漕ぎ手はソシエテ、ツブアイ、ガンビエル、ツアモツ、マルケサスの5地区を表している。

フランス領ポリネシア

6. 中央に赤い星を配した黄緑の斜め旗はフランス領ギアナ。黄は地下資源、緑は森林、赤は社会主義を表す。

フランス領ギアナ

国旗とは？

そもそも国旗とは何か考えてみると、次の4つの特徴を持った旗であると言えよう。

① 独立国家を代表する旗。これに対して海外領土・植民地で使われる旗は国旗とは呼ばず、植民地を代表する旗なので域旗と呼ぶ。
② 独立国家のシンボルで、その国の理想・風土・歴史などの特色がよく表された旗。
③ 地域的な特徴や宗教・政治体制が表された旗。
④ 国家の主権を表徴する厳かな標識なので、国内外で丁寧に敬意をもって大切に扱われるべき旗。

国旗以外で国家を代表するシンボルとしては国家を代表する紋章の国章と歌の国歌が挙げられる。

国連旗

国際オリンピック
委員会旗

国際パラリンピック
委員会旗

日本の国旗・日の丸について

　確たる物証はないものの、古くは14世紀後醍醐天皇が大和国熊野へ行幸の折に白地に赤丸を描いた日の丸を用いたと伝えられるが、16世紀に入ると日の丸は武田をはじめ戦国武将によって旗指物として使われてきたことが記録として残されている。江戸時代に入り、17世紀半ばまで主に東南アジアとの交易に使われた御朱印船にも日の丸が使われた。これは昭和12年11月に発行された切手に示されている。また、17世紀後半、徳川幕府の御座船や米運搬の御用船にも日の丸が使われたことが錦絵に残されている。幕末に入り、欧米列強からの開国要求が迫る中で、幕府は1854年に日の丸をわが国の「総船印」として海上で用いることを定めた。この時点では日本の旗の伝統に則った、やや縦長の旗であったが、明治に入り1870年海軍用と商船用の西洋式の横長日の丸が定められた。

1575年長篠の戦い　武田軍勢の日の丸

1592-1635年御朱印船の日の丸

1673年江戸時代の御用船の日の丸

第二次世界大戦の敗戦により1945年から1949年まで4年間、連合国総司令部により日の丸の使用が禁止され、替わりに海上では国際信号旗E旗を修正した青赤の横2色燕尾旗が用いられた。

1870年に定められた国旗は正確には海上使用の日本の旗であり、陸上で一般国民が使用する国旗の法制化は行われていなかった。

1945-1949年日本国船舶旗

1999年8月13日になり、ようやく「国旗及び国歌に関する法律」によって日の丸が正式に陸上でも使われる日本の国旗として制定され、意匠規格も定められた。日本の国旗は「日の丸」「日章旗」と呼ばれる。赤い丸は太陽を表す。白は純粋さや正直さ、赤は情熱や忠誠心の意味を持つ。

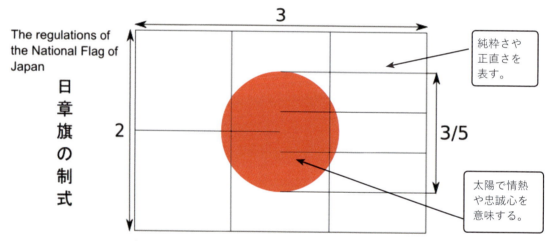

寸法の割合及び日章の位置縦横の三分の二。日章直径縦の五分の三。
地白色；日章紅色。

The area of the Japanese flag has a ratio of 2 units high and 3 units wide. The size of the sundisc is 3/5ths of the height of the flag. The color of the field is white and the sundisc is colored red.

源：国旗及び国歌に関する法律（１９９９）
Source: Law Concerning the National Flag and Anthem (1999)

多くの国旗が見られる場所は

　まずオリンピックなど国際的なスポーツ大会では開会式で選手団が旗手を先頭に入場行進し、選手宣誓では参加国の旗手が集まる。また、競技場スタンドに参加国国旗が立ち並び、競技後の表彰式では1-3位選手の国旗が上げられる。

オリンピック開会式　選手が集う選手宣誓

　また、国際連合など国際機関では会期中は建物正面に加盟国国旗が掲揚される。ニューヨークの国連ビルでは総会開催中は向かって左端からアルファベット順に加盟国国旗が掲揚される。
　なお、オリンピック、国連共に便宜上、縦横比率が2：3の国旗を使用している。

国連ビル　国連総会開催中に並ぶ国旗

　国際博覧会条約に基づき、多くの国が参加する博覧会である万国博覧会（万博）でも、会場に参加各国の国旗が立ち並ぶ。図は2010年5月1日〜10月31日開催された上海万博会場の参加国国旗。189ヵ国が上海万博に出展した。

万博会場　上海万博会場に並ぶ参加国国旗

　また、国旗は日本の学校で年間行事として行われる運動会でもグランド中央に柱を立て、万国旗が華やかに飾られる。
　ちなみに日本初の学校運動会は1874年（明治7年）東京築地の海軍兵学寮で行われた。

運動会　グランドに並ぶ万国旗

国旗のかたち

　現在の世界の国旗のかたちは3種類に分類できる。

① 　197ヵ国の独立国のうちの日本国旗をはじめ194ヵ国が横長長方形国旗。
② 　スイス、バチカンの2ヵ国が正方形国旗。
③ 　ネパールは三角形を2つ組み合わせた国旗。

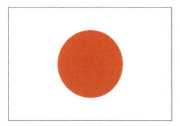  

　　長方形　194ヵ国　　　　　　正方形　2ヵ国　　　　　三角形　1ヵ国

　ちなみに国旗以外では旗尾が燕尾状になった燕尾旗（ドイツ海軍軍艦旗）や更に真ん中に舌状帯が付いた二重燕尾旗（スウェーデン海軍軍艦旗）や縦幅に対し横幅が10倍程度長いかたちの長旗（ドイツ海軍長旗）が主に軍旗として使われている。

　　ドイツ海軍軍艦旗　　　　　　　　スウェーデン海軍軍艦旗

　　ドイツ海軍長旗

国旗の縦横比率

前述したように、国連とオリンピック大会では便宜上、縦横比率を2：3に統一した国旗が使われている。しかし、国旗にはISO（国際標準化機構）が定める国際規格は適応されず、各国は自国の国旗がもっとも美しく見える縦横比率を採用している。

最多縦横比率は2：3で日本、中国など89ヵ国。2位は横幅が縦幅の倍となる1：2で英国、カナダなど55ヵ国。3位は3：5でドイツ、ルクセンブルグなど20ヵ国、次いで5：8がスウェーデン、パラオなど4ヵ国、10：19が米国、リベリアなど4ヵ国、3：4がサンマリノ、パプア・ニューギニアなど4ヵ国、1：1がスイス、バチカン、8：11がイスラエル、ノルウェー、7：10がブラジル、アンドラ、4：7がイラン、メキシコ。最も横長な国旗が11：28のカタールである。

過去には1：3のイラン帝国国旗、独立前のモンテネグロ共和国国旗があった。

ヨーロッパは28：37デンマーク、11：18フィンランド、13：15ベルギー、5：7アルバニアなどユニークな縦横比率の国旗が多い。

中南米諸国国旗には3：5が多くガイアナ、ハイチなど8ヵ国が採用している。オセアニアに16の国があるが、世界で最多の2：3国旗は皆無である。

1位

2：3　日本、中国など89ヵ国

2位

1：2　英国、カナダなど55ヵ国

3位

3：5　ドイツ、ルクセンブルグなど20ヵ国

5：8　スウェーデン、パラオなど4ヵ国

10：19　米国、リベリアなど4ヵ国

3：4　サンマリノ、パプア・ニューギニアなど4ヵ国

国旗編

国旗の縦横比率

8：11　イスラエル・ノルウエー　　　　　　1：1　スイス・バチカン

7：10　ブラジル・アンドラ　　　　　　4：7　イラン・メキシコ

11：28　カタール

 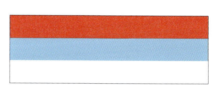

1：3　イラン帝国国旗　　　　　　1：3　独立前のモンテネグロ共和国国旗

ヨーロッパ

28：37　　　　11：18　　　　13：15　　　　5：7
デンマーク王国　フィンランド共和国　ベルギー王国　アルバニア共和国

中南米諸国　3：5

ガイアナ　　　　　　ハイチ

国旗の縦横比率の分析を円グラフに示すと右表のようになる。

197ヵ国の約半数が日本国旗と同じ2：3比率の国旗である。次いで1：2国旗が28%を占める。

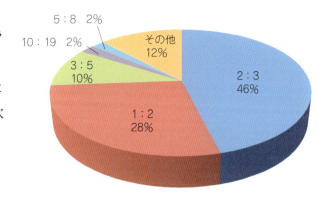

先に各国は自国国旗が最も美しく見える縦横比率を採用していると述べたが、縦横比率を変えると国旗の見え方も変わってくる。

正規縦横比率2：3の日本国旗を英国仕様1：2に変えると白地が多くなり、中央の日の丸が小さく弱々しく見える。逆に正規縦横比率1：2の英国国旗を日本仕様2：3に変えると斜め十字の角度が鋭角となり、全体的に窮屈な感じに見える。これらは英国で日本人が、日本で英国人が見る自国国旗の見え方となり、正規の縦横比率を使った国旗がやはり正しい美しい国旗の姿と言えよう。

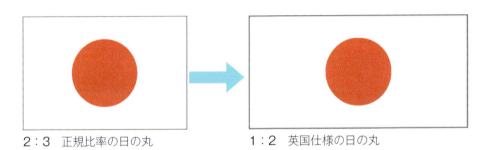

2：3　正規比率の日の丸　　　　1：2　英国仕様の日の丸

1：2　正規比率の英国国旗　　　　2：3　日本仕様の英国国旗

国旗の縦横比率

　海外では国旗の縦横比率を変えると、それは国旗ではなくなり、別の役割用途を持つ旗になるケースが見られる。

　スイス国旗は正方形であるが、同じデザインで2：3の旗にすると外洋船舶旗になる。ベルギー国旗は13：15であるが、これを2：3にすると船舶旗となる。エクアドル国旗は2：3であるが、これを正方形にすると一般市民が使えない大統領旗になる。

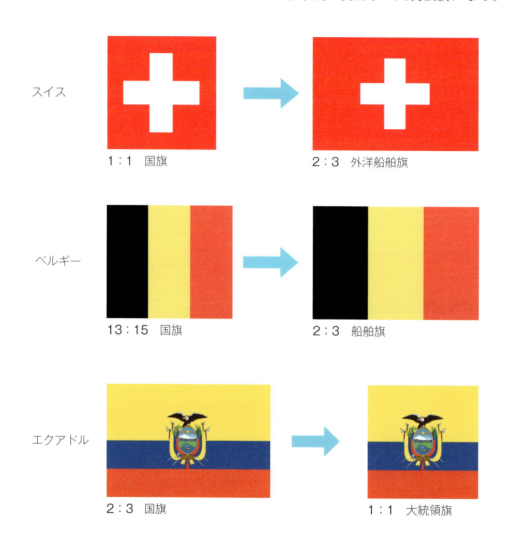

国旗に使われている色数

最多は3色国旗で英国、米国など74ヵ国。2位は4色国旗でインド、ブラジルなど52ヵ国、3位は2色国旗で日本、中国など38ヵ国、4位は5色国旗でガイアナ、コモロなど23ヵ国、5位は6色国旗で南アフリカ、南スーダンなど8ヵ国、6位は8色国旗でベリーズ、エクアドルの2ヵ国と続く。

ただし、6色国旗と8色国旗には複雑で多くの色を用いた国章を描いた国旗が含まれる。国章のない国旗で最も多く色を使った国旗は共にアフリカ大陸に位置する南アフリカと南スーダンの6色国旗となる。日本国旗のような2色国旗はデザイン的に限定され差別化が困難となるので、必然的に3色国旗が多くなったと言えよう。

国旗に使われている色数分析結果を円グラフに示す。米国、英国など3色国旗が38%と一番多く、次いで4色国旗が26%と続く。

1位
3色　74ヵ国
英国、米国など

2位
4色　52ヵ国
インド、ブラジルなど

3位
2色　38ヵ国
日本、中国など

4位
5色　23ヵ国
ガイアナ、コモロなど

5位
6色　8ヵ国　南アフリカ、南スーダンなど

6位
8色　2ヵ国　ベリーズ、エクアドルなど

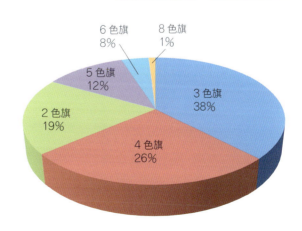

国旗デザインの地域特性

大陸別に国旗を集め、デザインの共通性から地域特性の有無を調べて見る。

〈1〉 アジア諸国47ヵ国の国旗

① 太陽を使った国旗が多い

赤い太陽は日本、バングラデシュ。黄色い太陽はキルギス、カザフスタン、モンゴル、フィリピン。白い太陽は台湾、ネパールそしてアフガニスタンで合計9ヵ国。同じ太陽でも国によって異なる三つの色で表現されていることが分かる。更に太陽光線まで描かれた国旗が6ヵ国と3分の2を占めている。太陽は恵み、生命エネルギーの象徴で農産物の収穫をもたらすアジア農耕民族にとっては大切な存在であることがうかがえる。

② アジア諸国は赤白の2色を使った国旗が多い

　日本をはじめ、赤白横2色旗のインドネシア、カントンに白い三日月と5個の星を配した赤白横2色旗のシンガポール、白い三日月と星を配した赤旗のトルコ、白いジグザグ模様を付けた赤旗のバーレーン、大小の5個の赤い十字を配した白旗のジョージア、レバノン杉を配した赤白赤横3分割旗のレバノン、カントンに白い交差した剣と短剣を描いた赤縦ストライプを持つ白赤緑の横3色旗のオマーンなど47ヵ国中の31ヵ国、アジア全体の66％の国旗に赤白が使用されている。

　赤白がマレー系民族の伝統色であることや湾岸諸国が英国との休戦を示すために使った2色であったことも理由と考えられる。

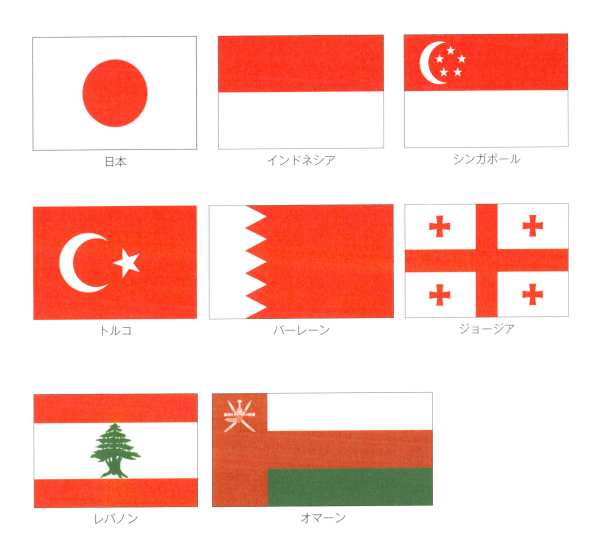

日本　　　インドネシア　　　シンガポール

トルコ　　　バーレーン　　　ジョージア

レバノン　　　オマーン

〈2〉 ヨーロッパ諸国 45 ヵ国の国旗

① 十字を使った国旗が多い

　旗竿寄りに十字を配したスカンジナビア十字旗の白十字赤旗のデンマーク、黄十字青旗のスウェーデン、青十字白旗のフィンランド、白い輪郭線付き赤十字青旗のアイスランド、白い輪郭線付きの青十字赤旗のノルウェーの他、白十字赤旗のスイス、白い輪郭線付き赤十字青旗の英国、白十字青旗のギリシャなど全部で14ヵ国、ヨーロッパ全体の 31% の国旗が十字を使っている。ヨーロッパにはキリスト教徒が多く、また十字軍をエルサレムに派遣した歴史を物語っている。

デンマーク　　スウェーデン　　フィンランド

アイスランド　　ノルウェー　　スイス

英国　　ギリシャ

② ストライプ国旗が多い

　縦3色旗は青白赤のフランス、緑白赤のイタリア、青黄赤のルーマニア、緑白オレンジのアイルランド、黒黄赤のベルギー、横3色旗は赤白青のオランダ、赤白薄青のルクセンブルグ、黒赤黄のドイツ、黄緑赤のリトアニア、青黒白のエストニア、白青赤のロシア、白緑赤のブルガリア、赤白緑のハンガリー他30ヵ国が2色ないし3色ストライプ国旗でヨーロッパ全体の実に67％も占めている。

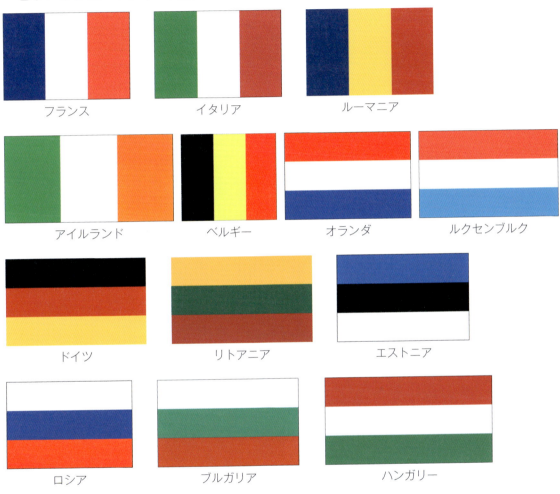

❖3色ストライプ旗誕生にかかわった人物は誰か？❖

　長くスペイン支配にあったオランダは1568年ドイツ中西部ナッソウ公国と南フランスのオラニエ公国を治めていたウィレム1世を迎え独立戦争を起こし、1581年ネーデルラント連合共和国としてスペインより独立を宣言した。ウィレム1世のナッソウ・オラニエ家の青と白に塗り分けオレンジ色の房の付いた角笛の紋章の色をとって、オレンジ白青の横3色国旗が1572年に作られた。このオランダ国旗が3色旗の元祖と言われている。1630年には海上で使うと潮風で色が褪せてしまうので、オレンジ色が赤に替えられた。

国旗編

国旗デザインの地域特性

　ロシアのピョートル大帝は1697年から1698年にかけて自らの身分を隠して、オランダに留学し、造船技術、軍事、科学などを学びロシアの西欧化を図った。オランダから多くを学んだピョートル大帝はオランダに敬意を示し、赤白青のオランダ国旗の色順を替え、白青赤の横3色旗をロシア帝国国旗に採用した。

　時代は下り、1789年フランスでロベスピエール率いる革命が勃発し、ブルボン王朝が倒され、オランダ国旗をちょうど、縦に向きを変えた形の青白赤の3色旗が新しいフランス国旗になった。後に皇帝となったナポレオンは革命軍をフランス周辺でハプスブルグ王家支配下にあったイタリアやスイスに侵攻させ、これらを解放した。王制支配からの解放を表す3色旗が次々と制定された。

　1797年イタリアではフランス国旗の青を緑に替えた緑白赤の縦3色国旗、1798年には緑赤黄の横3色旗がスイスで採用された。更に時代は下り、19世紀に入り、長らくオスマン帝国支配下にあった東欧、バルカン半島のスラブ系諸国をロシアが支援し、独立を勝ち取るようになった。これら諸国は支援を受けたロシアに敬意を表してロシア国旗の白青赤3色を汎スラブ色として自国の国旗に取り入れ、3色国旗がヨーロッパ中に広まっていった。1878年は赤青白の横3色国旗がセルビアで制定され、1918年にはバルカン諸国が統合しユーゴスラビア王国となり、青白赤の横3色旗が国旗となった。1939年にはボヘミア・モラビア国では白赤青の横3色旗が国旗に制定された。

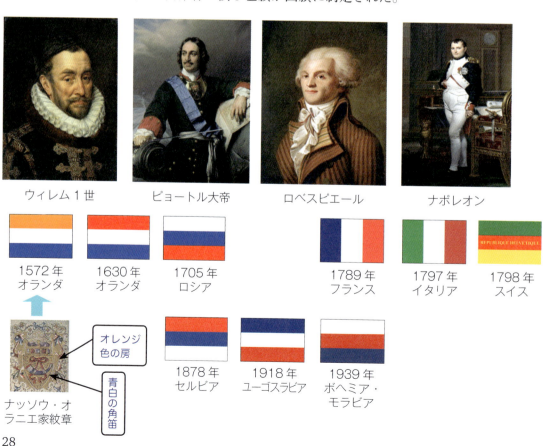

ウィレム1世　　ピョートル大帝　　ロベスピエール　　ナポレオン

1572年オランダ　1630年オランダ　1705年ロシア　　1789年フランス　1797年イタリア　1798年スイス

ナッソウ・オラニエ家紋章　　オレンジ色の房　　青白の角笛

1878年セルビア　1918年ユーゴスラビア　1939年ボヘミア・モラビア

❖ヨーロッパの新旧国旗を比べてみよう。❖

　スペイン領ネーデルラントではカスティリャ王国、レオン王国、グラナダ王国を表す城、ライオン、ザクロやハプスブルグ王家を表す王冠、金羊毛騎士団勲章を描いた白旗、ロシア帝国では守護神である聖ゲオルギィがドラゴンを退治している様子を描いた赤盾を胸に頭に皇帝冠を被った双頭の黒鷲を描いた黄旗、フランスではユリの三花弁が入った青い盾を天使が支え、周囲にユリを散りばめたブルボン王家紋章を描いた白旗が使われていた。これらは王家の威厳を表すようにどの旗もデザインが複雑で、庶民が使える旗ではなかった。当時の国を代表する旗ではあるものの、実質的には王家の旗、あるいは皇帝の旗であった。これがオランダ3色国旗の登場によってガラリと国旗の持つ意味合いが変わったと言えよう。簡潔なデザインなので庶民も描ける、作れる、使える旗となった。王家の旗から独立戦争、革命により成立した国民国家の旗に、即ち本来国旗が意味する国家を代表し、国民が使える旗が誕生したと言える。

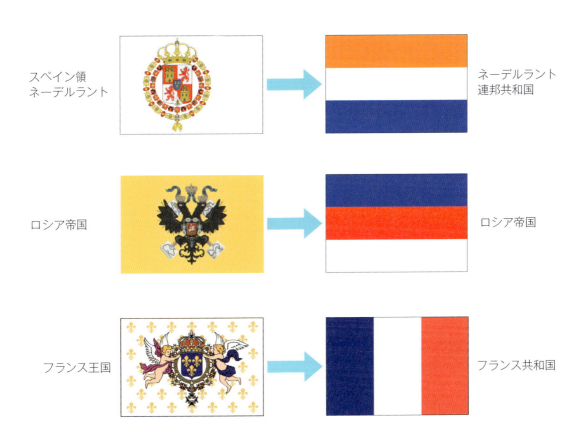

スペイン領ネーデルラント → ネーデルラント連邦共和国

ロシア帝国 → ロシア帝国

フランス王国 → フランス共和国

③ ヨーロッパには盾形紋章を使った国旗が多い

　草地を歩くライオンの盾を描いたモンテネグロ国旗、バラの花と牛の頭の盾を描いたモルドバ国旗、旧王国紋章と赤白25個の市松模様盾を描いたクロアチア国旗、5地域を表す城、ライオン、金の鎖、赤黄縦縞、ザクロの盾を描いたスペイン国旗、赤白赤の国旗デザインの盾を描いたオーストリア国旗、丘に立つ二重十字の盾を描いたスロバキア国旗、白いセルビア十字の赤盾を胸にした双頭の白鷲の盾を描いたセルビア国旗、この他にアンドラとスロベニアで9ヵ国が盾形紋章を使っている。ヨーロッパでは紋章を coat of arms と呼んでいるが、この arms とは戦場で使う武具（盾）を意味し、敵味方を区別する盾に描かれたデザインが紋章の起源であり、紋章を形作る基本要素である。これがヨーロッパ国旗に盾形紋章が多い理由となっている。

モンテネグロ

モルドバ

クロアチア

スペイン

オーストリア

スロバキア

セルビア

〈3〉 アフリカ諸国 54 ヵ国の国旗

◇ **緑黄赤の汎アフリカ色を使った国旗が多い**

　緑黄赤の横 3 色旗はエチオピア、赤黄緑の横 3 色旗はガーナ、赤黄緑の縦 3 色旗はギニア、緑黄赤の縦 3 色旗はマリ、セネガル、緑赤黄の縦 3 色旗はカメルーン、緑黄赤を T 字に染め分けたベナン、緑黄赤の斜 3 色旗はコンゴ共和国、この他トーゴ、ブルキナファソなど全部でアフリカ国旗の 26% を占める 14 ヵ国の国旗に緑黄赤が使われている。これら 3 色は 1881 年からエチオピア国旗に使われており、一時期のイタリア支配を除くとアフリカ大陸の中で唯一独立を維持したエチオピアをリスペクトし、後から独立を達成したアフリカ諸国が国旗を制定する際にこぞってこの 3 色を取り入れたことによる。

エチオピア　　　ガーナ　　　ギニア

マリ　　　セネガル　　　カメルーン

ベナン　　　コンゴ共和国

〈4〉 北米・南米諸国 35 ヵ国の国旗

◇ 星を使った国旗が多い

　50州を表す白星を描いた米国国旗、進歩と名誉を表す白い星を描いたチリ国旗、自由を表す白い星のキューバ国旗、誠実さと純粋さを表す青い星と法律と権威を表す赤い星を描いたパナマ国旗、国の統一と輝ける未来を表す黄色い星のスリナム国旗、希望と自由を表す白い星のセントクリストファー・ネーヴィス国旗、中米5ヵ国を表す5個の青い星のホンジュラス国旗、独立戦争当時の8州を表す8個の白い星のベネズエラ国旗の他、グレナダ、コスタリカなど全部で14ヵ国、北米南米諸国全体の40％が星を付けた国旗となっている。星を国旗に1777年世界で最初に使った国は米国。ヨーロッパ列強からの独立のシンボルとして、その後次々と独立を果たしたアメリカ大陸諸国が米国に倣い国旗に星を採用したものと考えられる。

〈5〉 オセアニア諸国 16 ヵ国の国旗

◇ 青色を使った国旗が多い

　白い南十字星を描いた青旗のオーストラリア国旗、赤い南十字星を描いた青旗のニュージーランド国旗、15 の白い星を並べた青旗のクック諸島国旗、オレンジ白の斜め線を描いた青旗のマーシャル諸島国旗、赤道を表す黄線を描いた青旗のナウル国旗、黄色い月を描いた青旗のパラオ国旗、太平洋に日の出と軍艦鳥を描いたキリバス国旗など青色使用の国旗はオセアニア諸国全体の 75% を占める 12 ヵ国となる。青はオセアニアのシンボルである太平洋や大空を表している。また、国旗の中に旧宗主国である英国国旗を入れた国は上記 3 ヵ国の他にツバル、フィジー、ニウエと合計 6 ヵ国あるが、他の大陸には見られない特徴と言えよう。

オーストラリア

ニュージーランド

クック諸島

マーシャル諸島

ナウル

パラオ

キリバス

共通の色を使った国旗グループ

　国旗デザインの地域特性を更に調べて見ると共通の色を使った国旗グループが存在することがわかる。

① 汎スラブ3色国旗

　白青赤のロシア国旗の影響でスラブ系民族で使われる国旗。ヨーロッパ3色旗の項目で言及したロシア支援を受けてオスマン帝国支配から独立した東欧、バルカン諸国国旗にロシア国旗をリスペクトし白青赤の3色が多く使われている。

　ロシア国旗と同じ白青赤の横3色旗はスロバキア国旗とスロベニア国旗、赤青白の横3色旗はセルビア国旗、青白赤の三角旗はチェコ国旗、赤白青の横3色旗はクロアチア国旗。

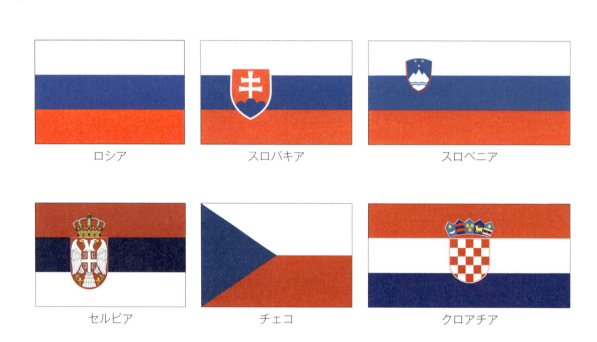

② 中米諸国国旗に共通の色

　1823年から1841年に存在した中米5ヵ国から構成された中央アメリカ連邦国旗の青白2色を使った国旗が多い。

　青白青の横3分割旗はニカラグア国旗、エルサルバドル国旗、ホンジュラス国旗、青白青の縦3分割旗がグアテマラ国旗、青白青の横3分割旗に赤いストライプを加えた旗がコスタリカ国旗。中央アメリカ連邦は1823年にこれら5ヵ国で結成。首都は1823年から1834年がグアテマラ・シティー（グアテマラ）で1834年から1841年がサンサルバドル（エルサルバドル）であった。スペインの植民地から独立するために中米5ヵ国が結束したもの。スペインからの独立戦争を先に経験した南米のアルゼンチンとウルグアイでは青白を用いた旗はそれぞれ1812年、1813年に既に作られており、独立のシンボルとして中央アメリカ連邦国旗を作る際に南米で使われた青白旗がモデルになったと推測される。

③ 南米諸国国旗に共通の色

　大コロンビア共和国国旗の黄青赤3色を使った国旗。1819年コロンビア、エクアドル、ベネズエラ3ヵ国で大コロンビア共和国を結成。1821年にパナマも参加、4ヵ国となる。

　1831年大コロンビア共和国は解消されるが、大コロンビアを表す黄、スペインを表す赤、2ヵ国を隔てる大西洋を表す青の横3色国旗を使用していた。分離独立後もコロンビアとエクアドルは大コロンビア共和国国旗と同じ横幅の3色旗、ベネズエラは同幅の3色ストライプの国旗を使い、過去の歴史を国旗に残している。一方、運河建設問題もあって米国に支援を受け、コロンビアの支配から独立したパナマは大コロンビア国旗を引きずらず、むしろ米国国旗をモデルとした赤白青の3色と星を取り入れた国旗を制定している。

大コロンビア共和国

コロンビア

エクアドル

ベネズエラ

パナマ

④ 汎アラブ4色国旗

中東イスラム諸国には赤黒緑白4色を使った国旗が多い。

ホイストに赤い三角形を付けた黒緑白の横3色旗がオスマン帝国支配に対する反乱旗として1917年頃よりアラビア半島を拠点としたフサイン・イブン・アリーによって使われたと言われる。赤はハリワージュ派ハーシム家、黒はイラクのアッバース朝、緑は北アフリカのファティマ朝、白はシリアのウマイア朝と4色は歴代のイスラム王朝を表している。これら4色は汎アラブ色と呼ばれ、後に独立国家となったイスラム諸国の国旗に取り入れられている。赤い三角形を持つ黒白緑の横3色旗はヨルダン国旗とパレスチナ自治政府旗。緑の三角形を持った赤白黒の横3色旗はスーダン国旗、赤い縦ストライプを持った緑白黒の横3色旗はアラブ首長国連邦国旗、黒い台形を持った緑白赤の横3色旗はクウェート国旗である。他にもイラクなど全部で11ヵ国が汎アラブ色を国旗に使用している。

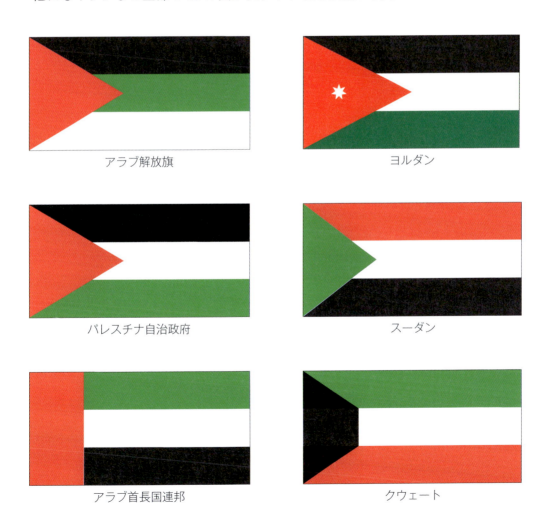

アラブ解放旗　　　　　　　　　ヨルダン

パレスチナ自治政府　　　　　　スーダン

アラブ首長国連邦　　　　　　　クウェート

⑤ 三日月と星を持った国旗

　アジア・北アフリカのイスラム諸国には三日月と星を使った国旗が多い。
　白い三日月に星を付けた国旗はトルコ、パキスタン、コモロ。
　赤い三日月と星を付けた国旗はチュニジアとアルジェリア。
　白い三日月を付けた国旗はモルディブ、黄色い三日月と星の国旗はモーリタニア。他にもマレーシア、ブルネイなど全部で12ヵ国ある。イスラム諸国は暑い国が多いので、農耕民族に好まれる農作物に恵みをもたらす太陽が逆に砂漠では人を死に至らしめるものとなり、夜に出る三日月と星が安らぎと恵みを与えるのでイスラムのシンボルとなっている。

トルコ

パキスタン

コモロ

チュニジア

アルジェリア

モルディブ

モーリタニア

⑥ **南半球に位置する諸国に共通するデザイン**

南半球に位置する諸国には南十字星を使った国旗が多い。

白い南十字星を付けた旗はオーストラリア国旗、サモア国旗、パプア・ニューギニア国旗、ブラジル国旗、赤い南十字星を付けた旗はニュージーランド国旗。ブラジル国旗は共和国成立日の1889年11月15日朝8時30分のリオデジャネイロの空を地球の外側から見た図（天球儀）なので、他の国旗に描かれた地球から見える南十字星と違い、南十字星の配置が左右逆になっている。

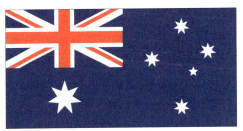
オーストラリア

サモア

パプア・ニューギニア

ブラジル

ニュージーランド

南十字星の配置が左右逆

間違いやすい国旗たち

　インドネシア国旗とモナコ国旗は共に赤白の横2色旗。区別は国旗の縦横比率でわかる。前者は2：3で後者は4：5と異なる。インドネシア国旗の色順を逆にした白赤の2色旗はポーランド国旗になる。

　赤白青の横3色旗はオランダ国旗で隣国ルクセンブルグ国旗は同じく赤白青の横3色旗であるが青色がオランダよりも薄い。

　オランダ国旗と間違えられることも多いので、ルクセンブルグは国章にある赤いライオンを配した白青横10本ストライプ旗に国旗を変更しようとの動きも過去にはあった。この旗は現在商船旗として海上で使用されている。

　最も紛らわしいのが青黄赤の縦3色旗のルーマニア国旗とチャド国旗。チャド国旗の青がルーマニア国旗の青よりも少しだけ濃い。ルーマニア国旗には中央に国章が付いていて見分けが付いていたが、社会主義体制が崩壊して国章を国旗から取り除いてしまったために紛らわしいことになってしまった。

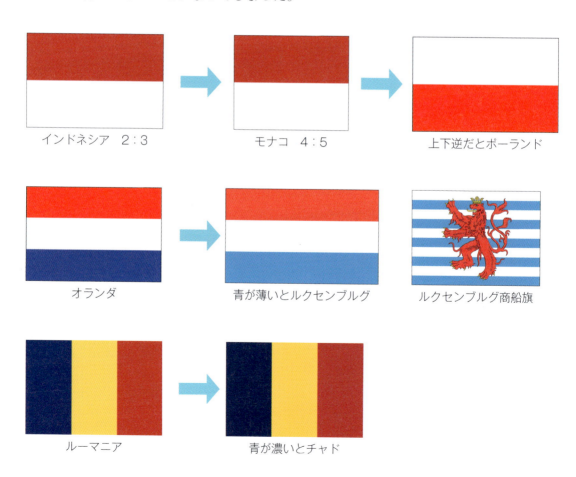

赤黄緑の縦3色旗はギニア国旗で色順を緑黄赤にするとマリ国旗となる。両国共に黄は鉱物資源、赤は血を表すが、緑はギニアが農業、マリは肥沃な土地と意味が異なってくる。

　緑白オレンジの縦3色旗はアイルランド国旗で色順を逆にするとコートジボアール国旗となる。色の意味は全く違う。アイルランドの緑はカトリック、オレンジがプロテスタント、白が両者の調和であるのに対して、コートジボアール国旗の緑は希望、オレンジは国土、白は平和を象徴している。

　赤白赤の横3分割旗はオーストリア国旗、真ん中の白ストライプが狭くなり赤が濃くなるとラトビア国旗となる。前者が戦いで浴びたベルト部分を残した返り血であるのに対して、後者は赤は同じ血を表すが、白はバルト海を示している。

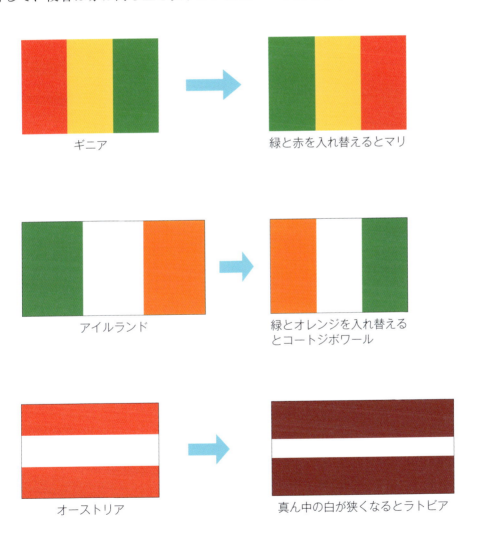

ギニア　→　緑と赤を入れ替えるとマリ

アイルランド　→　緑とオレンジを入れ替えるとコートジボワール

オーストリア　→　真ん中の白が狭くなるとラトビア

誰が国旗をデザインしたか

〈1〉 独立や政変に導いた政党の旗がモデルとなり、国旗が考案される

アジア、アフリカ諸国に事例が多い。

1928年に制定された台湾国旗は終わりなき進歩を表した白い太陽を描いた国民党の党旗がモデル。これをカントンに配した赤旗で「青天白日満地紅旗」と呼ばれる。

1975年制定されたアンゴラ国旗は独立に国を導いたアンゴラ解放人民運動党旗がモデル。党旗は中央に国際連帯を示す黄色い星を配した赤黒の横2色旗。国旗はこれに農民と工業労働者を表す鉈と歯車を加えたもの。赤と黒の強烈な色の組み合わせは革命や無政府主義のシンボルとして古くから使われてきた。

1975年制定のサントメ・プリンシペ国旗は国をポルトガル支配から独立に導いたサントメ・プリンシペ独立運動党旗がモデル。緑黄緑の横幅が等間隔の党旗に対して国旗は中央の主力産業カカオと太陽を表す黄ストライプの幅を広くしたもの。

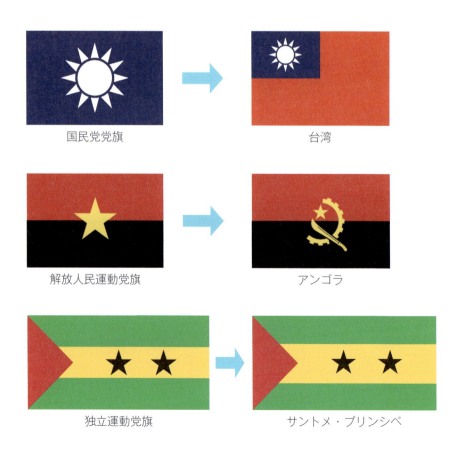

国民党党旗　→　台湾

解放人民運動党旗　→　アンゴラ

独立運動党旗　→　サントメ・プリンシペ

〈2〉　旗章研究家やグラフィック・デザイナーの作品を採用

　政府が専門家に依頼して国旗を作成する。

　1966年制定されたガイアナ国旗は米国の旗章学者ホイットニー・スミス博士が提案した旗がモデル。ガイアナ政府は博士の原案の森林と農業を表す緑と国家建設を示す赤の位置を替え、これに忍耐力を表す黒と水資源を示す白の輪郭線を加え国旗として制定した。ちなみにホイットニー・スミス博士が「旗章学」と和訳されるVexillologyという言葉を1959年に生み出した。これはラテン語のvexillum（軍旗）とギリシャ語のology（学問）の組み合わせ。

　1975年制定されたスリナム国旗は同国グラフィック・デザイナーのジャック・エルマン・ピナス氏が考案したもの。ただし、同氏の星は白い円に入った黒人を表す黒であったが政府が多民族の団結を象徴する黄色に替え国旗として制定したもの。

　1978年に制定されたツバル国旗はグラフィック・デザイナーのビオン・マタノ氏が考案したもの。ただし、氏の提案旗の国を構成する9つの島々を表す9個の星はすべて上向きであったが、政府は5個の星に傾きを付けた国旗を制定した。

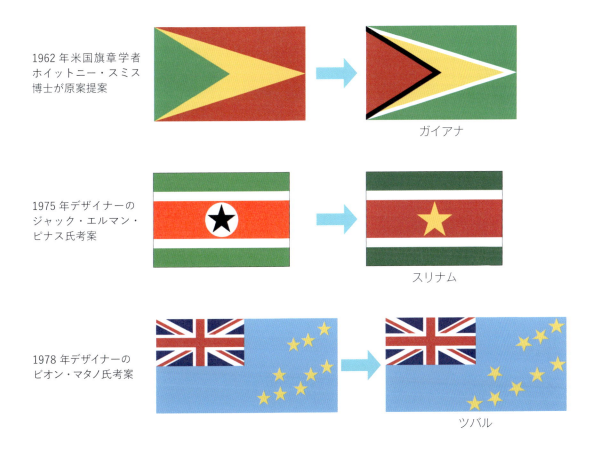

〈3〉 政府公募の優勝作品を国旗に採用

　2016年4月14,599点の応募作品から野老朝雄氏の組市松模様が2020年東京オリンピック大会エンブレムに選ばれたが、海外では国旗も公募で採用される事例が多い。

　1949年制定の中国国旗は公募を行い、3,012の作品の中から経済学者である曾聯松氏の提案旗を選び、ソビエト連邦に似過ぎないように中国共産党を表す大きな星の中にあった鎌とハンマーを取り除いた旗を国旗として制定した。

　1960年に制定されたナイジェリア国旗は公募の結果、当時23歳のナイジェリア人大学生アキンクンミ氏の作品を選び、飛行機から見た森と広大な平野が広がる国の姿を描いた緑白緑の縦3分割旗の中央にあった赤い太陽を取り除いた旗を政府は国旗に制定した。

　1971年に制定されたパプア・ニューギニア国旗は公募の結果、当時15歳の女子学生スーザン・カリケ氏の国のシンボルである極楽鳥を描いた作品を選び、何らの修正もなく、これを国旗に制定した。

1949年経済学者
曾聯松氏の作品　→　中国

1960年大学生
アキンクンミ氏の
作品　→　ナイジェリア

1971年
スーザンカリケさん
の作品　パプア・ニューギニア

○ 1949年中国国旗公募の最終作品
  1　カントンに黄色い星、下部に2本の黄色いストライプを配した赤旗
  2　カントンに黄色い星、その下に4個の小さい星を縦に並べた赤旗
  3　カントンに黄色い輪郭線を持つ赤い星、上部に黄色いストライプを配した赤旗
  4　中央に黄色い星、「工」の字、植物リースを配した赤旗
  5　黄色い輪郭線を持つ赤い星、赤い鎌とハンマー、黄色い3個の星を配した赤黄赤の横3分割旗
  6　カントンに黄色い星、鎌とハンマー、植物リースを配した赤旗
などが最終候補に選ばれていた。

　最近の国旗公募と言えば2016年3月にニュージーランドで新国旗を問う国民投票が実施された。

　かねてより隣国オーストラリア国旗とデザインが似ているため、外国では間違えられやすく、また国旗に英国国旗が入っていて、ニュージーランドの文化・社会を反映していないと当時のジョン・キー首相が指摘し、新国旗デザイン公募を行った。10,292作品の中から4点が選ばれ、さらに投票で図右端の旗が残った。白いシダの葉は多様な文化、右上に伸びる姿は国民の未来への成長を示す。赤い南十字星は南半球に位置することを示し、4個の星は北島、南島、チャタム島、スチュアート島を示す。黒は国民、過去、力、誇り、達成、青は太平洋と澄んだ空を表す。この旗か現在の国旗かを選択する国民投票を行った結果、56.6%の僅差で現状維持が決まり、新国旗論争は終止符を打った。

ニュージーランド提案旗

ニュージーランド国旗

○将来もしもスコットランドが英国から独立したら英国国旗はどうなるのか？

　2016年6月英国でEU離脱の是非を問う国民投票が行われ、52%の賛成票により離脱が決まった。英国のEUからの離脱に反対するスコットランドでは英国からの分離独立運動が盛んになっている。将来スコットランド国民が英国からの独立を選択すれば、英国国旗が変わる可能性が大きくなる。英国国旗は白地に赤十字のイングランド旗、白地に赤X字のアイルランド旗、青地に白X字のスコットランド旗の組み合わせで構成されている。現在の国旗から白X字のスコットランド青旗を取り除くと丁度赤で「米」という字を書いた白旗となり、デザイン的に寂しい旗となってしまう。英国を構成する4地方の中で現在の英国国旗に反映されていないウェールズ旗は中央に赤いドラゴンを描いた白緑の横2色旗であるが、この緑と白をスコットランドの青白に置き換えると現在の国旗とはかなり違ったイメージの国旗となる。世界には英国国旗の入った国旗を持つ国が存在する。どれもオセアニアに属するオーストラリア、ニュージーランド、フィジー、ツバル、クック諸島、ニウエの6ヵ国。英国国旗が仮に変われば、自国国旗も変更すべきかの検討が始まろう。また、英国国旗を入れた州旗はオーストラリアにもカナダにも存在するので、大きな混乱が予想される。

① 現在の国旗からスコットランドの白×字青旗を排除

② デザイン的に寂しくなるのでウェールズを表す緑色を加える

もしも英国国旗デザインが変わったら、どうなるか？
英国国旗が入った旗は他にもたくさん世界に存在する。

国旗編

誰が国旗をデザインしたか

オーストラリア

ニュージーランド

クック諸島

フィジー

ツバル

アンギラ

モンセラット

セントヘレナ島

バージン諸島

ケイマン諸島

フォークランド諸島

ピトケアン島

タークス・カイコス諸島

南ジョージア諸島・南サンドウィッチ諸島

インド洋地域

バミューダ諸島

南極地域

豪・ニューサウスウェールズ州

豪・タスマニア州

豪・クインズランド州

豪・南オーストラリア州

豪・西オーストラリア州

豪・ビクトリア州

カナダ・オンタリオ州

カナダ・マニトバ州

英国商船旗

英国海軍軍艦旗

〈4〉 古くから使用されていて国旗の作者不詳

　黄色のスカンジナビア十字を配した青旗のスウェーデン国旗は 1157 年エリク 2 世のフィンランドの戦いで青空に金十字を見たという故事が起源とされる。

　赤白赤の横 3 分割旗が国旗のオーストリア国旗は 1191 年十字軍に参加したレオポルド 5 世のエルサレム・アッコンの戦いでベルトを除き、敵の返り血で軍服が真っ赤になったという故事が起源とされる。

　白いスカンジナビア十字を配した赤旗のデンマーク国旗は 1219 年ワルデマール 2 世の異教徒の国エストニア・リュンダニの戦いで、この旗が空から降ってきたという故事が起源とされる。いずれも古すぎて国旗デザインの作者は不明。

スウェーデン

1157 年エリク 2 世のフィンランドの戦いで青空に金十字を見たという故事から。

オーストリア

1191 年レオポルド 5 世のエルサレム・アッコンの戦いでベルトを除き、敵の返り血で軍服が真っ赤になったという故事から。

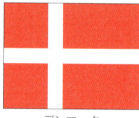

デンマーク

1219 年ワルデマール 2 世のエストニア・リュンダニの戦いで、この旗が空から降ってきたという故事から。

国旗のプロトコール　国旗の揚げ方

A　日本国旗と外国旗を壁に掲揚する場合

　　外国旗を向かって左側の上位に、日本国旗を下位の右側に掲揚する。

B　3ヵ国の国旗を壁に掲揚する場合

　　アルファベット順に向かって左から掲揚する。

※アルファベット順に向かって左から掲げる

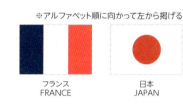

フランス　　　　日本　　　　アメリカ合衆国
FRANCE　　　JAPAN　　　UNITED STATES OF AMERICA

C　門前に両国国旗を掲揚する場合

　　外国旗を上位である向かって左側に、日本国旗を下位の右側に掲揚する。旗竿は日本国旗を内側に外国旗と交差させる。

D　3ヵ国の国旗をスタンドに掲揚する場合

　　日本国旗を中央にアルファベット順で左右に掲げる。

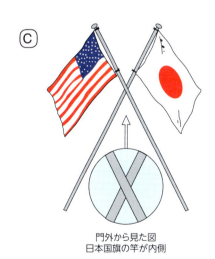

門外から見た図
日本国旗の竿が内側

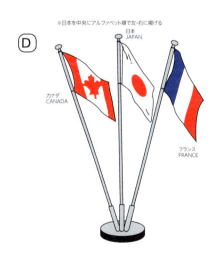

※日本を中央にアルファベット順で左・右に掲げる
日本 JAPAN
カナダ CANADA
フランス FRANCE

E 半旗の揚げ方

一端国旗を竿頭まで揚げて、それから大体旗竿の半分くらいまで下げる。

喪章

竿球を黒布で覆い、旗竿上部に細長い黒布を付する。

喪章
（旗棒先端部に被せる）

F 5ヵ国の国旗を壁に掲揚する場合（A）

アルファベット順に向かって左から国旗を掲げる。

※アルファベット順に向かって左から掲げる

| アルゼンチン | カナダ | フランス | 日本 | アメリカ合衆国 |
| ARGENTINA | CANADA | FRANCE | JAPAN | UNITED STATES OF AMERICA |

G 5ヵ国の国旗を壁に掲揚する場合（B）

日本国旗を中央にアルファベット順に左右交互に掲げる。
事例では向かって左から

　　4番 France　2番 Argentina　1番 Japan　3番 Canada　5番 USA

※日本を中央にアルファベット順に交互に掲げる

アジア諸国の国旗

[1] 中国

1636年に明朝が倒れ、清朝が成立する。

1840年欧州列強が中国大陸進出を試みるが英国に仕掛けられたアヘン戦争で清国は敗戦する。開国を余儀なくされ、国を代表する旗である国旗の制定が求められる。

1862年国旗が制定される。5本の爪を持った青龍と幸運・繁栄を表す赤い真珠を配した黄色の三角旗。なお、当時の中国の属国であった朝鮮では4本爪、琉球では3本爪の龍が旗に使用されていた。

1881年中国の伝統的な三角旗を廃止し、横長長方形の欧米に見られる旗に国旗の形状を変更する。

1862-1881年清国国旗

1881-1912年清国国旗

1894年朝鮮半島をめぐり日清戦争が勃発、清国は日本に敗れる。日本は台湾、澎湖諸島、遼東半島領土の割譲を求める。翌1895年5月清国は日本の更なる南清進出を恐れ、台湾に台湾民主国を樹立し、日本の台湾進出阻止を画策するが、10月に日本軍に占拠され、民主国は消滅する。

台湾民主国では黄色い虎に赤い炎、青い雲を配した青旗を国旗として制定、「藍地黄虎旗」と呼ばれたが、使用期間はわずか5ヵ月の短命の国旗であった。「龍虎の戦い」というが、大陸の龍に対して台湾は虎をシンボルとした。

1895年5-10月台湾民主国国旗

国旗編

アジア諸国の国旗 [1] 中国

清国が日本に敗れ弱体化すると、列強の中国大陸進出が加速され、1898年に英国は山東省東部の威海衛を、ドイツは山東省膠州湾を租借、また1899年にフランスは雷州半島北東部の広州湾を租借した。

英国租借地威海衛の域旗はフライに水辺のオシドリを描いた円形バッジを配した英国青色船舶旗、ドイツ租借地膠州湾は中央に翼を広げたプロイセン黒鷲を配した黒白赤の横3色旗、フランス租借地広州湾はフランス領インドシナに組み込まれ、その旗、即ちカントンにフランス国旗を配した黄旗が使用された。

1911年に孫文による民主政治を求める辛亥革命が勃発、翌1912年に中華民国が成立し、国旗が制定された。

漢民族を表す赤、満州族を表す黄、蒙古族を表す青、ウイグル族を表す白、チベット族を表す黒の横5ストライプ旗で「5色旗」と呼ばれた。5色旗は古代中国で生まれた万物は木・火・土・金・水の5種類の元素から構成されるという自然哲学思想「五行思想」に由来する。5元素は色、方角、動物では以下のように表現される。

　　木：青（緑）　東　青龍
　　火：赤　　　　南　朱雀
　　土：黄　　　　中央　麒麟
　　金：白　　　　西　白虎
　　水：黒　　　　北　玄武

英国租借地威海衛

ドイツ租借地膠州湾

フランス租借地広州湾

赤 漢民族
黄 満州族
青 蒙古族
黒 チベット族
白 ウイグル族

1912-1915年、1916-1928年
中華民国国旗

1915年北京に袁世凱による中華帝国が成立する。第2代中華民国臨時大総統に就任した袁世凱は自身の権力強化をはかり12月中華帝国を起し、自ら皇帝に就いたが、民主勢力・軍部からの支持を得られず、雲南省、江西省ほかで反乱が相次ぎ、翌1916年3月中華帝国は崩壊する。

中華帝国国旗は赤いX字で黄青白黒を染め分けた対角4分割旗で満州族、蒙古族、ウイグル族、チベット族の上に漢族が立つことを象徴する短命国旗であった。

その後、5色旗が中華民国国旗として復活したが、1928年に国民党の党旗の終わりなき進歩を表す12本の光線を放つ白い太陽を配した青旗をカントンに配した赤旗を新しい国旗に制定した。国旗の赤白青は孫文が唱えた三民主義即ち、民族の独立、民権の伸長、民生の安定を表し、「晴天白日満地紅旗」と呼ばれる。現在の台湾国旗である。

1915-1916年中華帝国国旗

1928-1949年中華民国国旗

1931年に江西省瑞金に毛沢東による中華ソビエト共和国が成立する。中央に白い地球、黄色い星、黒い鎌とハンマー、黄色い小麦穂と稲穂のリースを配した赤旗を国旗に制定する。初代ソビエト連邦国旗によく似た旗であった。一方、翌1932年新京に日本に支援された「五族協和」「王道楽土」を唱える満州国が成立する。

赤青白黒の横ストライプをカントンに配した黄旗を国旗に制定する。「紅藍白黒満地黄旗」と呼ばれる。当初は国旗の黄は満州、赤は情熱と情誠、青は青春溌溂、白は純真公平、黒は堅忍不抜を示し、同時にこれら5色は国家を構成する5族

1922-1924年ソビエト社会主義共和国連邦初代国旗

1931-1937年中華ソビエト共和国国旗

とその協和を表すとされたが、1933年2月24日の国務院布告「国旗の意義解釈」では色の意味が黄は中央、赤は南方、青は東方、白は西方、黒は北方を表し、中央政府をもって四方を治めることに改められる。これは五行思想に基づく方角を表していた。この国旗は1945年満州帝国崩壊まで使用された。

1932-1945年満州国・帝国国旗

1912年清国が倒れると西方辺境地でチベット国が成立する。国旗はダライ・ラマ13世により制定される。雪山の前で3つの宝石を支える2頭の雪獅子と太陽を描いた旗で、日本の陸軍軍旗がモデルと言われる。

1912-1951年チベット国国旗

1934年に同じく辺境地区ウイグル族によりカシュガルに東トルキスタン・イスラム共和国が成立し、国旗が制定される。こちらは中央にイスラムのシンボルである青い三日月と星、その下にシャハーダを配した白旗。シャハーダとは断食、喜捨、礼拝、巡礼、信仰告白のイスラム五行の「信仰告白」を意味し、「アッラーの他に神はなく、ムハンマドはアッラーの使徒なり」という銘文でイスラム教聖地であるメッカを有するサウジアラビア国旗に記されているもの。

日本陸軍軍旗

1934年東トルキスタン・イスラム共和国国旗

1937年に北京郊外で起こった盧溝橋事件をきっかけに日中戦争が勃発、上海に親日中国人による上海大同政府が成立し、国旗が制定される。緑と赤の巴を配した黄旗。

1937-1938年上海大同政府旗

2年後の1939年には内モンゴルに親日勢力による蒙古聯合自治政府が成立し、国旗が制定される。黄青白赤白青黄の横7ストライプ旗で中心の赤は日本人、白はウイグル人、青は蒙古人、黄は中国人を表している。

1940年に南京に親日中国人により国民政府が成立し、国旗を制定する。
晴天白日満地紅旗の上に「和平反共建國」と書いた黄色の三角旗を付けたものを国旗とした。

1939-1945年蒙古聯合自治政府旗

第二次世界大戦が終結し、国民党が共産党によって台湾に追われ、中華民国に替わり、1949年毛沢東率いる中華人民共和国が成立し、公募により多くの作品の中から経済学者曾聯松氏のデザインが国旗に選ばれる。大きな黄色い星は中国共産党、小さな4個の星は人民の団結、黄は光明、赤は共産主義を表す。

1940-1945年南京国民政府旗

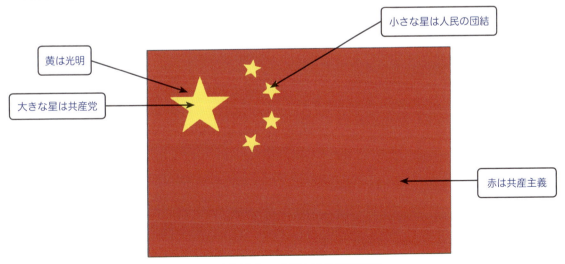

1949年　中華人民共和国国旗

［2］インド

1497年リスボンを出航したヴァスコ・ダ・ガマはアフリカ南岸を経て、翌1498年インドを発見する。1510年に東岸ゴアにポルトガル領インドが成立する。当時のポルトガル国旗は中央に王冠を載せた7個の城と5個の青い盾を配した赤盾を描いた白旗で、7個の城は打ち破ったムーア人の城で5個の青い盾は倒したムーア人の王を示す。

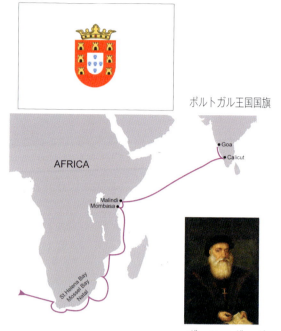

ポルトガル王国国旗

ヴァスコダ・ガマ

1526年にインド北部デリーを中心にイスラム勢力のムガール帝国が成立。中央アジアのサマルカンド（現ウズベキスタン東南部）を首都としたティムール帝国の末裔でアーグラにある美しいイスラム寺院で世界遺産のタージマハールを建立した。ムガール帝国が使った旗はイスラムのシンボル黄色い三日月を配した緑燕尾旗。

ムガール帝国国旗 1526-1858年

ポルトガルを追うように英国がインドに進出し、1698年に東インド会社を設立する。英国は勢力を拡大し、1858年にムガール帝国を滅亡させ、インドを英領とする。1698年から1707年まで使用された東インド会社旗は白いカントンに赤十字を配した赤白横13ストライプ旗。

1877年に英国のビクトリア女王をインド皇帝とし、英領インド帝国が成立する。帝国国旗は中央に皇帝冠と「インドの星」と呼ばれる中がダイヤモンドの白星を配した英国国旗であった。

ビクトリア女王

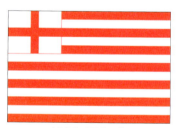

1698-1707年
英国東インド会社旗

1885-1943年英領インド帝国旗

時代は下り、第二次世界大戦が勃発、日本の支援を受けて、英国の支配からの独立をめざすチャンドラ・ボーズ氏率いるインド臨時政府が成立、国旗が作られる。中央に反英闘争のシンボルである青い糸車を配したサフラン色白緑の横3色旗。糸車はインド国内繊維産業を衰退に導いた英国産織物の不買運動を表している。1945年日本が敗れ、再びインドは英領となるが、英国からの独立運動はマハトマ・ガンジーらに引き継がれ運動が拡大する。

1943-1945年インド臨時政府国旗

マハトマ・ガンジー

再び英領となったインドではフライに「インドの星」を配した英国赤色船舶旗が使われていた。独立運動が再燃し1947年インドは念願の英国からの独立を達成し、新しい国旗を制定した。中央に古代インド・アショカ王が建てた柱頭に由来する青い法輪チャクラを配したサフラン色白緑の横3色旗。チャクラは終わりなき進歩、サフラン色は勇気と犠牲、白は平和と真理、緑は忠誠と礼節、青は空と海を表している。

1945-1947年英領インド帝国国旗

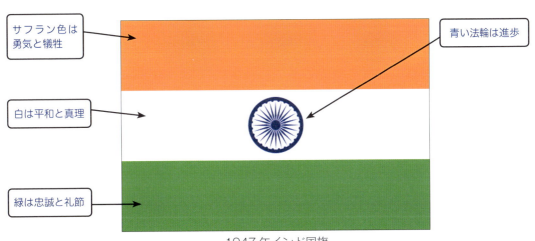
1947年インド国旗

[3] トルコ

1299年にアナトリア半島にオスマン帝国が成立する。

オスマン帝国はスルタンを首長として623年間続いたイスラム帝国。国旗もたびたび変更された。1307年から1453年の国旗は無地赤旗、1453年から1499年の国旗は中央に黄色い三日月を配した赤旗。メフメト2世（1444-1481年）により1453年にコンスタンチノープルが陥落し、東ローマ帝国が滅亡する。

メフメト2世

1307-1453年国旗

その後も領土を拡大し、1520年にはヨーロッパ、アジア、アフリカに跨る最大版図を築く。1499年から1517年の国旗は中央に3個の白い三日月を配した赤旗。1517年から1793年の国旗は中央に3大陸の領土を示す黄色い3個の三日月を入れた緑円を配した赤旗。1793年から1808年の国旗は白い三日月と8角星を配した赤旗。

1453-1499年国旗

1499-1517年国旗

1517-1793年国旗

1793-1808年国旗

オスマン帝国の最盛期

1520-1683年最大版図

国旗はたびたび替えられ、1808年から1826年の国旗は白い三日月1個の赤旗に戻り、1826年から1844年の国旗は白い三日月と8角星の赤旗が復活、1844年に白い三日月と5角星の赤旗に変わり1923年まで使われる。

1914年第一次世界大戦が勃発、オスマン帝国はドイツと共に参戦するが英国、フランスなどの連合国に敗北。1922年にオスマン帝国は滅亡し、翌1923年ケマル・アタチュルクによりトルコ共和国が成立する。

ケマルは近代化を推し進めたので「トルコ近代化の父＝アタチュルク」と呼ばれるトルコ共和国初代大統領で本名はムスタファ・ケマル。オスマン帝国時代の国旗の三日月と五角星をスリムにした国旗が制定される。国旗の赤は勇気、三日月と星はイスラムと同時に女神ディアナと明けの明星を表している。

1808-1826年国旗

1826-1844年国旗

1844-1923年国旗

ケマル・アタチュルク

トルコ共和国国旗

［4］ サウジアラビア

アラビア半島の東部に1822年ネジド王国が成立する。1916年に半島西部にヒジャーズ王国が成立する。

イスラム教聖地メッカはヒジャーズ王国に属する。

1822年から1921年のネジド王国国旗はホイストに白い縦ストライプを入れ、中央に白字シャハーダの緑旗。

1921年から1926年の国旗はフライに向かい曲がった剣の上に白字シャハーダの緑旗。一方のヒジャーズ王国国旗は1916年から1917年は無地赤旗、1917年から1926年の国旗は赤い三角形を付け黒緑白の横3色旗でオスマン帝国からの「アラブ解放旗」を使用。

1926年から1932年のネジド王国国旗は白字シャハーダと白いボーダーを付けた緑旗。同時期のヒジャーズ王国国旗は赤い三角形を付けた黒緑黄の横3色旗。

ネジド王国国旗には常にシャハーダが入っていた。

ネジド王国国旗

1822-1921年

1921-1926年

1926-1932年

ヒジャーズ王国国旗

1916-1917年

1917-1926年

1926-1932年

サウジアラビア王国国旗
1932-1934 年

1927 年に両王国が併合し、1932 年国名をサウジアラビア王国に改称する。初代国旗は白字シャハーダの下にホイスト向きの曲がった剣と白い縦ストライプを付けた緑旗。1934 年の二代目国旗はホイストの白いストライプを細くした緑旗。1938 年の 3 代目国旗はホイストの白いストライプを取り除いた緑旗。

1934-1938 年

1973 年に制定され、現在も使われている四代目国旗は白字シャハーダの下にホイスト向きの直剣を配した緑旗。緑はイスラム、剣は聖地メッカの保護を表している。尚、シャハーダはアラビア語で向かって右から左に書かれている。大事な銘文なので裏からも鏡像ではなく正しく読めるようにサウジアラビア国旗は常に 2 枚張り合わせて作られる。

1938-1973 年

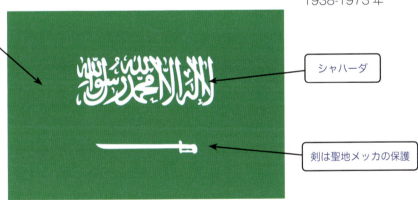
1973 年サウジアラビア王国国旗

緑はイスラムの色
シャハーダ
剣は聖地メッカの保護

聖地メッカに集う大勢のイスラム教巡礼団とサウジアラビア国旗。

[5] 韓国

1392年李朝朝鮮王国が成立する。長らく鎖国政策を取る。

1876年江華島事件を経て開国する。

江華島事件は朝鮮王国の首都の漢城の北西岸、漢江河口にある江華島にて日本と朝鮮の間で起こった武力衝突。朝鮮西岸海域を測量中の日本海軍雲揚丸が砲撃を受け、反撃し朝鮮砲台を破壊、江華条約により朝鮮王国を開国させた事件。

1882年から1897年に使われた李朝朝鮮王国国王旗は中央に黄白の太極、周囲に黄色の八卦、緑のフリンジを配した赤旗。

1894年朝鮮をめぐり日清戦争が勃発し、日本が清国に勝ち、講和条約を締結し、台湾、遼東半島、澎湖諸島が日本に割譲される。

1897年朝鮮史上初の近代国際法に基づく独立国家である大韓帝国が成立、高宗が皇帝となる。大韓帝国国旗は中央に赤青の太極、周囲に黒い四卦を配した白旗。現在の韓国国旗とは太極の形も四卦の位置も違っている。

李朝太祖

江華島事件

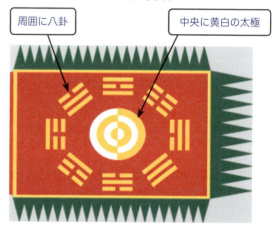

1882-1897年李朝朝鮮王国国王旗

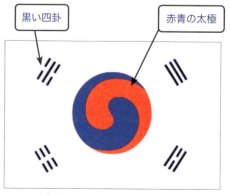

1897-1910年大韓帝国国旗

1906年大韓帝国内に韓国統監府が設置され、統監に伊藤博文が就任する。これにより大韓帝国は日本の保護国となる。1906年から1910年まで使われた韓国統監旗はカントンに日の丸を配した正義、公明、博愛を表す水色旗であった。当時、日本が軍事同盟を結んでいた英国の保護領、植民地で使われていた英国青色船舶旗をモデルにした旗と考えられる。

伊藤博文統監

モデルとされる英国青色船舶旗

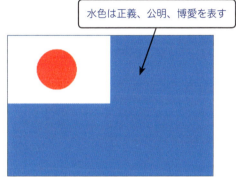

水色は正義、公明、博愛を表す

1906-1910年韓国統監旗

　1910年日韓併合、朝鮮総督府が設置される。韓国統監府を前身として韓国併合に伴い、朝鮮半島が日本領土となったための統治を目的とした官庁で初代総督は陸軍大将の寺内正毅。五七の桐花が朝鮮総督府の府章であった。太極旗に替わり日の丸が使われた。

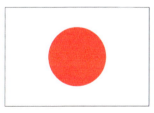

朝鮮総督府紋章

国旗編

アジア諸国の国旗 [5] 韓国

　第二次世界大戦で日本が敗れ、1948年に朝鮮半島南部に大韓民国が成立する。一方北部には共産主義の朝鮮民主主義人民共和国が成立。1950年にそれぞれ、米国、中国を味方につけて朝鮮戦争が勃発した。後者はホイストに赤い星を入れた白円と白い輪郭線を付けた青赤青の横3分割旗が国旗。

1948年朝鮮民主主義人民共和国国旗

1950年に韓国は国旗を制定した。
　中央に赤青の太極、周囲に黒い四卦を配した白旗。白は赤青と共に韓国の伝統色で平和を表す。太極は陰陽、善悪、男女など万物が相反する物から成るという中国古来の思想を表す。四卦は四季、方角、天地火水などで国の和合と発展を表す。また国旗の白地は国土、太極は国民、四卦が政府を表している。大韓帝国国旗と比べると太極の形と卦の配置が異なる。

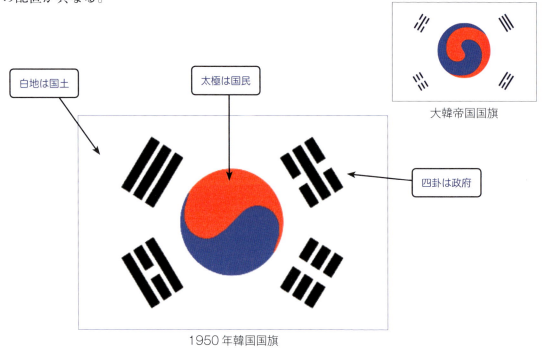

大韓帝国国旗

1950年韓国国旗

[6] ネパール

世界で唯一三角形を重ねたネパール国旗の変遷を見る。

1769年にシャハ王によるネパール王国が成立し、国旗が制定される。初代国旗は白い太陽と三日月をかたどった赤い三角旗。

1790年ネパールがチベットに侵攻したことを契機にチベットの宗主国である清国との戦争が勃発、清国に敗れ、清国の朝貢国となる。

1846年宰相ラナ家による専制政治が行われる。

1920年ネパールは国旗を変更する。緑のフリンジを付け、顔の付いた三日月と太陽を配した赤い二重三角旗。

1769年国旗

1920年国旗

ネパールが誇るヒマラヤ山脈

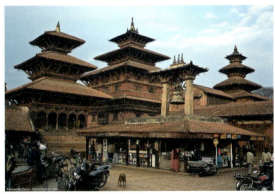
首都カトマンズ

アジア諸国の国旗 [6] ネパール

1939年に国旗のボーダーの色が緑から青に二重三角旗の形状も変化した。

さらに1962年に白い太陽と三日月の顔がなくなった。2つの三角形は高く聳えるヒマラヤ山脈、青は平和と調和、赤は勇気を表す。

1996年毛派共産党がネパールで武装闘争を開始した。

2008年長く続いてきた王制が廃止され、毛派共産主義政党が主体となる連邦民主共和国に移行された。ネパール国旗の太陽はシャハ王家、三日月は宰相ラナ家を表しているので、王制が廃止されたからには将来、これらのシンボルに替わり共産主義のシンボル黄色い星が付いた赤い旗が新しい国旗となる可能性もある。但し、ネパール国民にアンケートを取った結果、世界唯一の二重三角旗は変えたくないという意見が多く、国旗の形状は維持される模様。

1939年国旗

1962年国旗

将来の国旗か？

北米・南米諸国の国旗

[1] 米国

1686年英国は北米東海岸にニューイングランド植民地を建設。ニューイングランド植民地旗は白いカントンにイングランドを表す赤十字の聖ジョージ十字と緑の松の木を配した赤旗を使用した。

1775年英国からの独立戦争が勃発。

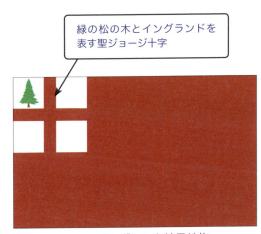

ニューイングランド植民地旗

1776年に東部13植民地による独立宣言が行われた。参加した13州とはデラウェアー州、ペンシルバニア州、ジョージア州、ニュージャージー州、コネチカット州、マサチューセッツ州、メリーランド州、ヴァージニア州、ニューヨーク州、ニューハンプシャー州、ロードアイランド州、ノースカロライナ州、サウスカロライナ州。

初代米国国旗はカントンに当時の英国国旗がまだ付いている赤白の横13ストライプ旗。ストライプは独立宣言を行った東部13州を表している。

国旗編

北米・南米諸国の国旗 〔1〕 米国

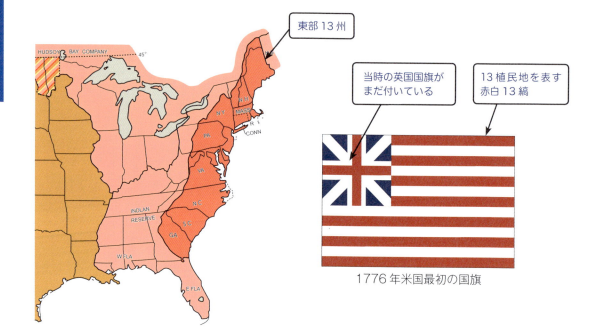

1776年米国最初の国旗

　1777年国旗変更。13星と13縞の赤白横ストライプを持つ最初の「星条旗」が誕生した。

　1795年にケンタッキー州、ヴァーモント州が合衆国に加入し、15星15縞国旗になった。

　1818年更にインディアナ州、ルイジアナ州、オハイオ州、テネシー州、ミシシッピー州の旧フランス領だった5州が合衆国に加入、国旗は20星と増えるが、縞数は独立当初の参加州に敬意を表して、今後は13縞に固定することが定められた。

　1861年奴隷制度をめぐり南北戦争が勃発した。南部13州はヴァージニア州リッチモンドを首都にアメリカ連合国を樹立した。

　1863年に作られたアメリカ連合国軍旗は13個の白い星を白い輪郭線の付いた青

1777年国旗　13星13縞

1795年国旗　15星15縞

1818年国旗　20星13縞

いX字に配した赤旗。インパクトのある旗で今でも白人優位主義団体などで使われる。1861年制定のアメリカ連合国国旗は青いカントンに13個の白い五角星を配した赤白赤の横3分割旗で「スターズ＆バーズ」と呼ばれた。

　1865年4年間続いた南北戦争は北軍の勝利で終結。南部州も合衆国に加わり、国旗が36星13縞となった。

　その後も合衆国への加入州が増え続き、1960年ハワイ州が加入し50州となった。

　米国国旗は州が増えるたびにデザイン変更を重ね、合計27回変更されており、世界の国旗の中でも変更回数は最多となる。
　国旗のカントンにある白い星は州の数を表し、赤白の13縞は独立宣言13州を示す。赤は勇気、耐久力、白は純潔、青は正義、忍耐を表している。

南北戦争

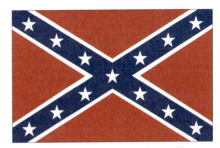
1863年アメリカ連合国軍旗

1861年アメリカ連合国国旗

1865年国旗　36星13縞

州数を表す50星

独立宣言13州を表す13縞

青は正義、忍耐を表す

赤は勇気、耐久力
白は純潔

1960年国旗　50星13縞

国旗編

北米・南米諸国の国旗 [1] 米国

過去27回変更された国旗デザインを一覧表に纏める。星は円形、菱形、星型に並べられた国旗もあった。

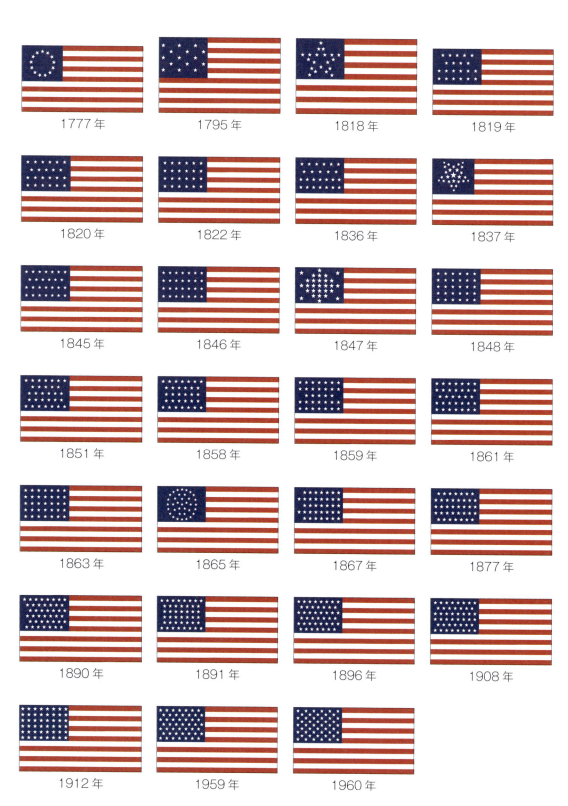

[2] カナダ

　1497年英国の探検家ジョン・カボットがカナダ東南岸ラブラドル半島、ニューファンドランド島に来航、この地で英国植民地宣言を行う。1608年フランスの探検家シャンプランがカナダ東部に来航し、ケベックを建設する。

　1763年英仏植民地争奪戦の結果、カナダにおける英国の支配権が確立する。ケベック駐在のフランス・カナダ防衛軍旗は白十字でユリを散りばめ青赤に染め分けた四分割旗。

フランス・カナダ防衛軍

　1868年英国カナダ自治領旗が制定される。カナダ自治領旗は白地に赤い聖ジョージ十字と緑地に黄色いサトウカエデのオンタリオ州章、黄地に2個の青いユリ、赤地に黄ライオンと黄地に緑のサトウカエデのケベック州章、黄地に3本のスコットランド国花のアザミと青い波線に鮭のノバスコシア州章、赤地に黄ライオンと黄地に海に浮かぶ帆船のニューブランズウイック州章を組み合わせた盾をフライに配した英国赤色船舶旗。

1868年カナダ自治領旗

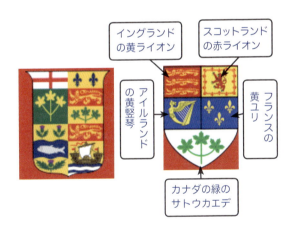

　1922年カナダ国旗が制定される。フライにイングランドの赤地黄ライオン、スコットランドの黄地赤ライオン、アイルランドの青地黄竪琴、フランスの青地黄ユリ、カナダの白地緑サトウカエデを組み合わせた盾を配した英国赤色船舶旗。

1922年国旗

1957年に国旗変更。カナダの白地サトウカエデの色が緑から赤に替わった。

1965年フランス系住民の強い要望を入れて、国旗から英国国旗を取り除き、新国旗を制定すべくデザイン・コンテストが行われた。その結果、中央にカナダのシンボルである赤いサトウカエデを配した赤白赤の縦3分割旗が新国旗となった。

国旗の白はカナダの雪、赤は太平洋と大西洋を表している。

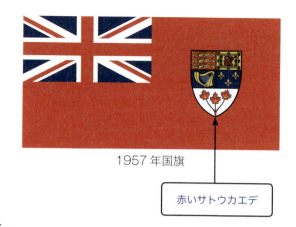

1957年国旗

赤いサトウカエデ

様々な提案旗を配した絵葉書

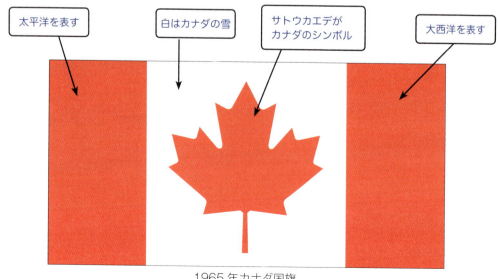

太平洋を表す　白はカナダの雪　サトウカエデがカナダのシンボル　大西洋を表す

1965年カナダ国旗

[3] メキシコ

1519年コルテス率いるスペイン軍がアステカ王国に侵攻。1521年アステカ王国が滅亡し、スペイン植民地ヌエバ・エスパーニャになる。ヌエバ・エスパーニャ副王領旗はホイスト寄りに王冠、カスティリャ王国を表す赤地黄城とレオン王国を表す白地赤ライオンを描いた楕円形盾を配した赤黄赤の横3分割旗。

スペイン・ヌエバ・エスパーニャ副王領旗

1820年スペインからの独立を目指す独立運動が始まり、独立運動旗が作られた。3個の黄色い八角星を配した白緑赤の斜め3分割旗。白は宗教、緑は独立、赤は統一を表していた。

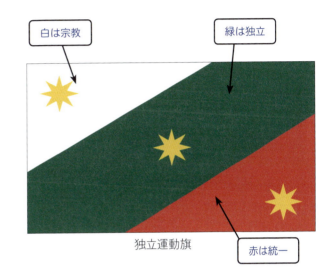

独立運動旗

1821年スペインからの独立を果たし、メキシコ帝国が建国される。中央に湖でサボテンの上で蛇を咥え冠を被った鷲を描いた緑白赤の縦3色旗の国旗が制定される。1823年にメキシコは共和制に移行、国旗の鷲から帝国のシンボルである皇帝冠が取り除かれた。

1821年帝国国旗

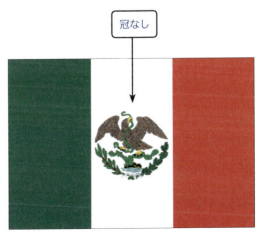

1823年共和国国旗

国旗編

北米・南米諸国の国旗 [3] メキシコ

　1861年にフランスのナポレオン3世が南北戦争で忙しい米国の目を盗み、メキシコに出兵。1864年フランスにより送り込まれたハプスブルグ家マクシミリアン1世を皇帝としてメキシコは再び帝国となる。帝国国旗は四隅に金色のナポレオン鷲、中央に皇帝冠、鷲を描いた盾を配した緑白赤の縦3色旗で支援者であるナポレオン3世皇帝旗がモデルであった。

ハプスブルグ家
マクシミリアン1世

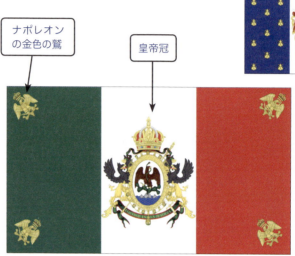

ナポレオンの金色の鷲

皇帝冠

モデルとなった
ナポレオン3世
皇帝旗

1864年メキシコ帝国国旗

　1867年再び共和制に移行。その後も国旗デザインがいく度か変更となる。
　1968年中央の紋章デザインが修正される。緑は国民の希望、白は統一、赤は愛国者の血を表している。

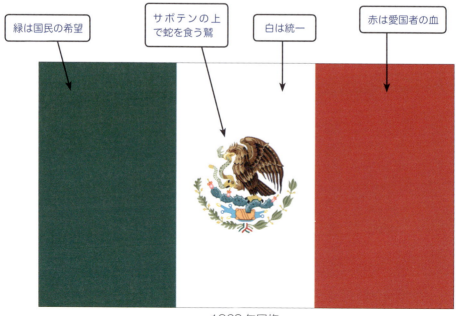

緑は国民の希望

サボテンの上で蛇を食う鷲

白は統一

赤は愛国者の血

1968年国旗

[4] アルゼンチン

　1810年マヌエル・ベルグラーノ将軍による5月革命がブエノスアイレスで勃発。ナポレオン軍に侵攻され弱体化したスペインからの南米生まれのクリオーリョによる独立戦争の出発点となる。革命では白青白の横3分割旗が使われた。

マヌエル・ベルグラーノ将軍旗

　1814年ホセ・サン・マルティン将軍によるスペインからの本格的な独立戦争が始まる。青白青の横3分割旗が軍旗として使われた。

ホセ・サン・マルティン将軍旗

　1814年に軍旗として使われた横3分割旗を国旗に制定する。1818年に国旗の中央に1810年5月25日革命の日ブエノスアイレスの空に現れた太陽「5月の太陽」を加える。

　この「5月の太陽」は独立のシンボルとなり、1830年アルゼンチン軍の支援を受け、ブラジルから独立を果たしたウルグアイ国旗にも採用される。また、青白青の横3色旗はスペイン支配からの独立のシンボルとして、1823年ホンジュラス、ニカラグア、コスタリカ、エルサルバドル、グアテマラ中米5ヵ国でスペインから独立するために結成した中央アメリカ連邦国旗にも取り入れられる。

1810年5月25日革命の日
ブエノスアイレスの空に現れた太陽

1818年国旗

　更に1841年中央アメリカ連邦の解体後も参加5ヵ国の国旗にこれら2色が残され現在に至っている。ホンジュラス国旗は中央アメリカ連邦構成5ヵ国を表す5個の青い星を配した青白青の横3分割旗。ニカラグアとエルサルバドルは5ヵ国を表す5つの火山

を描いた国章を中央に配した青白青の横3分割旗。グアテマラは中央に国鳥ケツァールを描いた国章を配した青白青の縦3分割旗。コスタリカは風景を描いた国章を配した青白赤白青の横5分割旗。元々は青白青の横3分割旗が国旗であったが、1848年にフランス革命の影響を受け、赤を加えて3色旗になった。

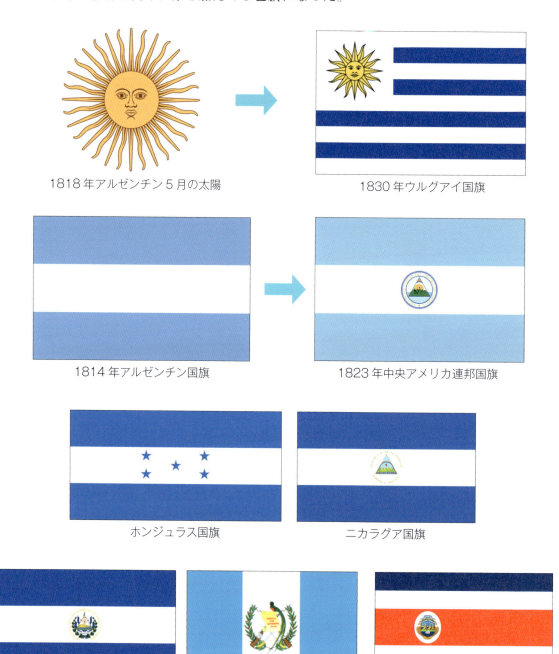

1818年アルゼンチン5月の太陽　　1830年ウルグアイ国旗

1814年アルゼンチン国旗　　1823年中央アメリカ連邦国旗

ホンジュラス国旗　　ニカラグア国旗

エルサルバドル国旗　　グアテマラ国旗　　コスタリカ国旗

1831年中央集権派と連邦派の対立が激化し、夫々アルゼンチン国とアルゼンチン連合を樹立、国が分裂した。

　アルゼンチン国国旗は中央に黄色い太陽を描いた青白青の横3分割旗。アルゼンチン連合国旗は中央に赤い太陽、四隅に赤い自由の帽子を配した青白青の横3分割旗。どちらも従来の国旗に比べて濃い青が使われた。

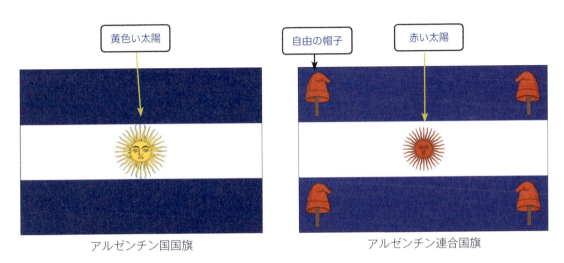

アルゼンチン国国旗　　　　　　　　　アルゼンチン連合国旗

　1862年両国の争いが終結し、国家統一が実現し、黄色い5月の太陽と従来の青色の国旗が復活する。青は青空、白はラプラタ川を表している。

1862年国旗

77

[5] ブラジル

　1500年にカブラルがブラジル沿岸に到達してポルトガル領となる。1549年にサルバドルにポルトガル総督府が設置される。王冠に11個の黄城、5個の青い盾を描いたポルトガル王国紋章を配した白旗が使われた。

　1645年にポルトガル領ブラジル域旗が制定される。ホイストに黄色い天球儀を配した白旗。この天球儀は天球を外側から見たように球の表面に星座、赤道、黄道を示したもので大航海時代のポルトガルのシンボルとして現在のポルトガル国旗にも赤い盾の背後に使われている。

1549年ポルトガル国旗

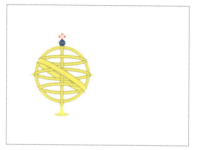
1645年ポルトガル領ブラジル域旗

現ポルトガル国旗の天球儀

　1808年ナポレオン軍の侵攻を逃れてポルトガル王室がブラジルに亡命する。

　1822年王子ペドロが初代ブラジル皇帝ペドロ1世として独立を宣言、ブラジル帝国国旗を制定する。国旗は中央に国章を入れた黄色い菱形を配した緑旗。緑は皇帝ペドロ1世の出身ブラガンザ家の色で黄は皇妃マリアの出身ハプスブルグ家の色。国章は緑の盾型紋章で黄色い斜め帯を入れた天球儀、背後に赤い輪郭線を付けた白い修道会十字、周囲の青い輪に州数を表す19個の白い星、盾の上に皇帝冠、周囲に赤いリボンで結んだコーヒーの枝とタバコの枝の

皇帝ペドロ1世

1822年ブラジル帝国国旗

リースを配したもの。ちなみに先端が広がった形の修道会十字は十字軍で活躍したテンプル騎士団に由来し、これを保護した14世紀のポルトガル王ディニス1世が使い始めた十字で、ポルトガル・サッカー代表のエンブレムに盾の背後に金赤十字で使われている。また、ブラジル・サッカー代表エンブレムにも盾の前面に白十字で使われている。

ポルトガル・サッカー代表
エンブレム

ブラジル・サッカー代表
エンブレム

ブラジル帝国は周辺国との戦争で軍部の影響力が増し、1888年の奴隷制の廃止が地主層の離反を招き、1889年の無血革命で帝政は廃止され共和制に移行し、ブラジル合衆国となる。同年11月15日に国旗が制定されるが、米国国旗に似すぎていたため、4日後に廃止、19日に新国旗が誕生する。最初の国旗は青いカントンに21州を表す21個の白い星、緑黄の13縞を持つ旗であったが、13縞は米国星条旗のコピーで他に意味もなく不評を買った。

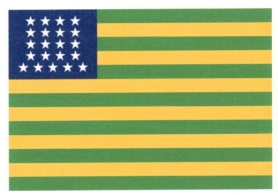

1889年11月15日～11月19日国旗

1889年11月19日国旗

　その後、国旗は1889年星数21個から1960年22個、1968年23個、1992年27個と州数の増加と共に星数を増やしてきた。

　現在の国旗の緑は森林、黄は鉱物資源を表す。帯に書かれた標語は「秩序と進歩」でフランス実証主義者オーギュスト・コントの言葉から引用されたもの。

　中央の青い円には1889年11月15日共和制となった日の朝8時30分のリオデジャネイロの空を地球の外側から見た青い天球を描いている。従って星座は地球から見た姿とは左右が逆になっている。

国旗編

北米・南米諸国の国旗 [5] ブラジル

　ブラジル国旗に現れる27個の星は9つの星座に分類されると共に夫々の星が象徴する州が厳格に定められている。9つの星座は①こいぬ座プロキオン②おおいぬ座③りゅうこつ座カノプース④おとめ座スピカ⑤うみへび座⑥南十字星⑦はちぶんぎ座⑧みなみのさんかく座⑨さそり座。　ちなみにブラジル国旗に示された南十字星の形⑥は地球の外側から見た姿なので、地球から見上げた南十字星を描いたオーストラリア国旗の南十字星とは左右逆になっている。

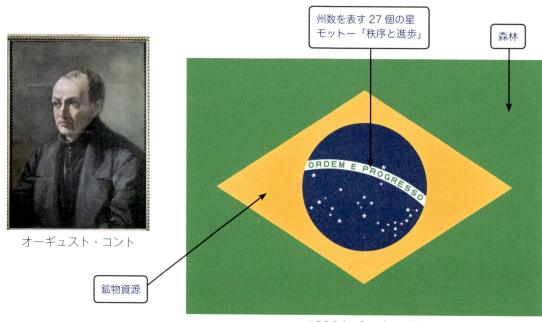

オーギュスト・コント

1992年ブラジル国旗

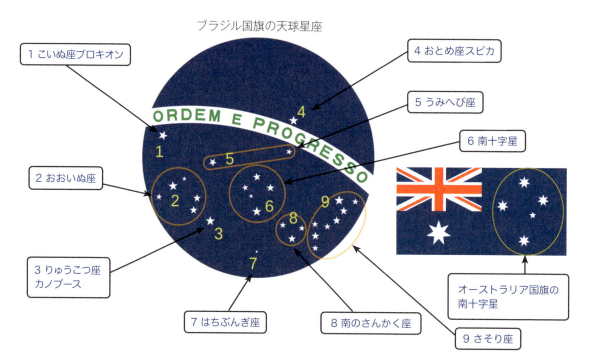

ブラジル国旗の天球星座

[6] パラグアイ

パラグアイ国旗は世界で唯一、表と裏のデザインが異なる国旗である。

1537年ラプラタ川からやってきたスペイン人によってアスンシオンが建設され、ヌエバ・カスティーリャ副王領となる。1776年新設されたリオ・デ・ラプラタ副王領に編入される。赤地黄城と白地赤ライオンを描いた楕円形盾に王冠の国章を配した赤黄赤の横3分割旗が使われた。1811年独立運動の結果、スペインからの独立を宣言し、国旗を制定する。初代国旗は赤黄青の横3色旗。

リオ・デ・ラプラタ副王領旗

1811年最初の国旗

1812年に赤白青の横3色旗に国旗を変更する。

1826年にカントンに白い六角星を配した青旗に国旗を変更する。

1842年に再び国旗を変更。旗表に星の国章、旗裏にライオンの国庫証印を配した赤白青の横3色旗となり、世界唯一の表裏でデザインの違う国旗が誕生する。

その後も1954年、1990年に国章、国庫印章のデザインが修正される。

1812年国旗

1826年国旗

1842年国旗（表）

1842年国旗（裏）

国旗編

北米・南米諸国の国旗 [6] パラグアイ

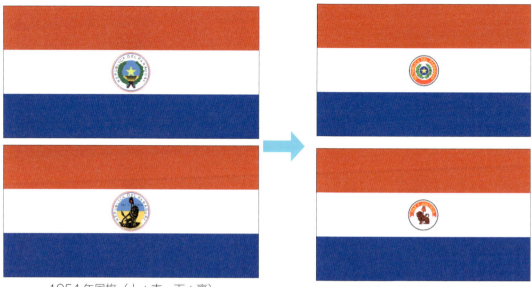

1954年国旗（上：表、下：裏）　　1990年国旗（上：表、下：裏）

2013年国章と国庫印章のデザインが簡略化される。

国章には星、ヤシ、オリーブの葉、国庫印章には自由の赤い帽子とフライ向きのライオンが描かれている。赤は祖国愛と勇気、白は団結と平和、青は自由と寛大さを表している。右図は赤白青の国旗カラーのウエアーを身に付けたパラグアイ・サッカーサポーター。

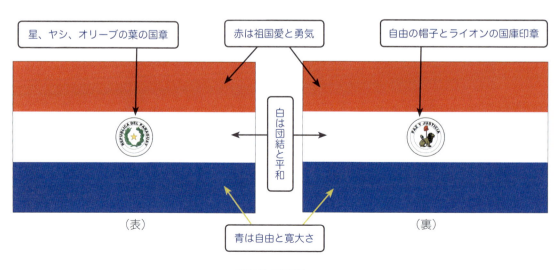

2013年国旗

オセアニア諸国の国旗

[1] オーストラリア

1770年キャプテン・クックがオーストラリア南東岸を発見する。

1788年英国はニューサウスウェールズ（シドニー）に入植を開始する。白地に赤十字のイングランド旗と青地に白X字のスコットランド旗を組み合わせた国旗が使われる。

ニューサウスウェールズへの入植

1823年英国の6つの植民地でオーストラリア植民地旗が使われる。6つの植民地に一体感が芽生え始め、中央に南十字星を表す4個の白い星を付けた赤い十字、カントンに英国国旗を配した白旗を使用。

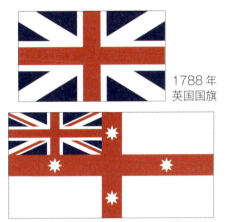
1788年 英国国旗

1823年 オーストラリア植民地旗

1889年ジェイコブ・グロナウ艦長が英領オーストラリア連邦旗を考案する。1823年の植民地旗の赤十字を青十字に替え、星を5個に増やした旗。

1889年 オーストラリア連邦旗

　1854年12月ビクトリア植民地メルボルンのゴールドラッシュ時代にユーリカで英国当局の金採掘に関する不当な待遇や課税に対して金鉱夫達が武装蜂起する。この時に使われた反乱旗はカナダ生まれの鉱夫ヘンリー・ロスが考案した南十字星を表す白い5個の星と団結を示す5個の星を結ぶ白い十字を配した青旗であった。この旗がオーストラリア・ナショナリズムと民主主義のシンボルとなり、後に制定される国旗デザインにも大きな影響を与える。

国旗編

オセアニア諸国の国旗　[1] オーストラリア

ユーリカ砦の反乱

ユーリカ反乱旗

1901年6つの植民地を統合し、オーストラリア連邦を結成し、公募で国旗を制定する。

この初代国旗はカントンに英国国旗、その下に6つの植民地を表す大きな白い六角星、フライに南十字星を表す白い5個の星を配した青旗。5個の星は五角、六角、七角、八角、九角星から構成された。

1903年南十字星の形を1個の五角星と4個の七角星に単純化する。

1908年国旗が再び変更される。英国国旗の下の星は6植民地に準州ノーザンテリトリーを加え七角星に替えられ「連邦の星」と呼ばれるようになる。

1999年英国国王を元首とする政治体制から共和制移行の是非を問う国民投票が行われた。55%の反対票で否決される。英国国旗を取り、南十字星、カンガルーを使った新国旗が数多く提案された。

1901年国旗

1903年国旗

1908年国旗

1999年提案旗

[2] ニュージーランド

1642年オランダ人探検家タスマンが最初に発見。1769年キャプテン・クックが来航し、1830年代に英国が入植を開始する。

1834年部族連合旗

1834年先住民マオリが部族連合旗を採用する。部族連合旗は青いカントンに白縁取りの赤い十字と4個の白い八角星を配した聖ジョージ十字旗。

1840年英国はマオリ首長達とワイタンギ条約を締結し、ニュージーランドを植民地化する。英国国旗がニュージーランドに翻る。

1840年英国国旗

1845年土地紛争に起因するマオリ部族連合と英国の間にマオリ戦争が勃発する。

マオリは白い三日月、十字、四角星を配した赤い軍旗を使用。戦争に敗れたがマオリは今も独自の民族旗を持っている。マオリ民族旗はコルと呼ばれる巻いたシダの葉を配した黒白赤3色旗。

マオリ戦争

1845年先住民マオリ軍旗

マオリ民族旗

オセアニア諸国の国旗 [2] ニュージーランド

　1867年6州から構成される連邦自治植民地が成立。植民地旗が制定される。フライに赤字で頭文字NZを配した英国青色船舶旗。

　1900年に植民地旗は変更され、フライに赤い4個の五角星を入れた白円を配した英国青色船舶旗となる。

1867年植民地旗

1900年植民地旗

　1902年にフライは白い輪郭線を付けた4個の赤い五角星に替わる。カントンの英国国旗は英国との歴史的政治的な関係を示している。

　2016年当時のジョン・キー首相からオーストラリア国旗と見間違わぬような新しい国旗を作るべきとの提案が出された。新国旗デザイン公募の結果、ニュージーランド・ラグビー代表がエンブレムに使っているシダの葉と南十字星を配したデザインが選ばれた。提案旗は多様な文化を表すシダ、右上に伸びる姿は国民の未来への成長、南十字星は南半球に位置する事、4星は北島、南島、チャタム島、スチュアート島、黒は国民、過去、誇り、青は太平洋と澄んだ空を表した旗。しかしながら国民投票の結果、僅差で敗れ、現行国旗の維持が決まった。

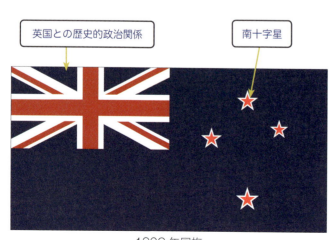
1902年国旗

2016年新国旗提案

アフリカ諸国の国旗

［1］ エジプト

オスマン帝国国旗

ムハンマド・アリー

1517年マムルーク朝エジプトはオスマン帝国に征服される。中央に白い三日月と八角星を配した赤旗が使われる。

1805年フランスのナポレオン軍撃退のためオスマン帝国から派遣された将軍ムハンマド・アリーはエジプト総督となり、以後彼の子孫がエジプトを支配する。

1844年に制定されたアリー朝エジプト初代国旗の三日月はオスマン帝国に比べ長い。ムハンマド・アリーは優れた治世者でエジプトの他にアフリカはスーダン、エリトリア、ソマリア、アジアはシリア、アラビア半島も支配、ヨーロッパはアテネ、クレタ島も侵攻した。

1844年アリー朝エジプト国旗

1867年制定の赤い国旗には白い三日月と共に勢力下に置いた三大陸を表す3個の五角星が描かれている。

1867年アリー朝エジプト国旗

ムハンマド・アリー朝は近代化政策を実施したが、経済破綻を招き、1879年王家の転覆と欧州列強の排除を目指すウラービー革命の失敗を経て、英国の軍事占領を受け、1881年に英国の保護領となる。ホイストに3個の白い三日月と五角星を配した赤旗が使われる。3個の星と三日月はエジプト、スーダン、南部エジプト・アスワン地方からスーダンまでのヌビアに対する主権を表している。

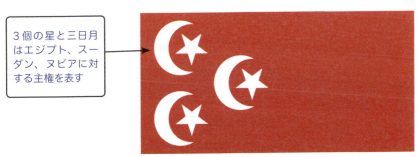

3個の星と三日月はエジプト、スーダン、ヌビアに対する主権を表す

1881年エジプト域旗

アフリカ諸国の国旗 [1] エジプト

1922年英国よりエジプト王国として独立、新しい国旗を制定する。中央に白い三日月と3個の五角星を配した緑旗。3個の星はエジプトに住むイスラム教徒、キリスト教徒、ユダヤ教徒を表している。この国旗は1952年ナセル率いる自由将校団によるクーデターで共和制に移行後も1958年まで使われた。

3個の星はエジプトに住むイスラム教徒、キリスト教徒、ユダヤ教徒を表す。

1922年エジプト王国国旗

1952年軍部クーデターにより王制が廃止され、国王ファルーク1世が退位、エジプト共和国が成立、ナセル大統領が誕生する。

1958年エジプトはシリアと共にアラブ連合を結成、新しい国旗を制定する。
国旗は2個の緑の五角星を配した赤白黒の横3色国旗で赤は革命、白は平和、黒は過去の圧政、2個の緑の星はシリアとエジプトを表す。

国王ファルーク1世

ナセル大統領

1958年アラブ連合国旗

1961年アラブ連合からシリアが離脱する。エジプトはその後も11年間、2個の星を付けた国旗を使用し続ける。

1972年新たにシリア、リビア、エジプトの3ヵ国でアラブ共和国連邦を結成。新しい国旗が制定される。国旗は中央にムハンマドの出身部族クライッシュ族のシンボル金色の鷹を配した赤白黒の横3色旗。

ムハンマドの出身部族
クライッシュ族の象徴・金色の鷹

1972年アラブ共和国連邦国旗

1977年エジプトが単独でイスラエルと和平協定を結んだためにリビアのカダフィが激怒し、連邦は解消される。

　エジプトはその後も7年間、連邦国旗を使い続けるが、1984年新しい国旗を制定する。
　中央に12世紀、十字軍を負かしたイスラムの英雄サラディンのシンボルである金色の鷲を配した赤白黒の横3色旗を国旗とする。赤は革命以前の王制時代、白は無血革命の到来、黒は英国植民地時代を表している。

1984年エジプト・アラブ共和国国旗

[2] リビア

1835年トリポリがオスマン帝国支配下に置かれる。

1842年赤緑白赤白緑赤の横七ストライプ旗がトリポリ旗として制定される。

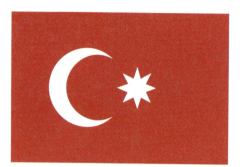

1935年オスマン帝国国旗

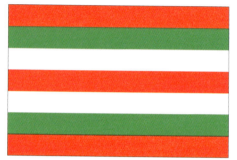

1842年トリポリ域旗

1912年イタリアの植民地となる。中央にサヴォイ家の白十字を入れた青い縁の付いた赤い盾を配した緑白赤の縦3色旗が使われる。

1918年第一次大戦でイタリアが敗れ、リビア東部のキレナイカと西北部のトリポリタニアが独立する。1923年ムッソリーニ率いるイタリアが再びリビアを支配する。

ムッソリーニ

第二次大戦でイタリアが敗れ、1951年キレナイカ一帯で独立運動を起こしたムハンマド・イドリースを国王とするリビア連合王国として独立を果たし、国旗を制定する。中央に白い三日月と五角星を配した赤黒緑の横3色旗を国旗とする。赤は西南部

イタリア国旗

のフェザン、黒は東部のキレナイカ、緑は西北部のトリポリタニアを表す。独立運動の中心となったキレナイカを表す黒の幅が赤緑の倍となっているデザイン。

1951年国旗

1969年ムアンマル・カダフィ大佐によるクーデターが起こり、王制は廃止され新しい国旗が制定される。赤白黒の横3色旗で赤は革命、白は明るい未来、黒は抑圧された過去を表している。

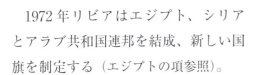

1969年国旗

1972年リビアはエジプト、シリアとアラブ共和国連邦を結成、新しい国旗を制定する（エジプトの項参照）。

1977年アラブ共和国連邦は解体し、リビアは国旗を替える。緑1色の珍しい国旗でカダフィの理想とする「緑の革命」を表す。エジプトが個別にイスラエルと停戦協定を締結するという予想外の出来事で連邦は解体し、激怒したカダフィは一夜にして国旗を変えたと伝えられる。カダフィはイスラム教を基礎とした独自の直接民主制「ジャマーヒリーヤ」を打ち出し、独裁体制を固めて行く。

1972年アラブ共和国連邦国旗

1977年リビア国旗

アフリカ諸国の国旗 ［2］ リビア

2011年長年続いたカダフィ独裁体制が崩壊、国民評議会が政権を奪取し、1951年制定の国旗が復活する。

ガダフィ

2011年リビア国旗

[3] 南アフリカ共和国

　1652年オランダ東インド会社が入植開始、ケープタウンを建設する。オランダ東インド会社旗は中央に黒字で会社頭文字の VOC=Vereengde Oostindische Compagnie を配した赤白青の横3色旗。

　1839年にナタールにオランダ系ナタリア共和国が成立する。国旗は赤白青の3個の三角形で構成された旗。

　1854年オランダ系オレンジ自由国が成立し、国旗を制定する。オレンジ自由国国旗はオランダ国王ウィレム3世が考案した。カントンにオランダ国旗を配した白オレンジの横7縞旗。オレンジの縞はオレンジ川を表す。

　1857年同じくオランダ系トランスヴァール共和国が成立し、国旗が制定される。国旗はホイストに緑の縦帯を配したオランダ国旗。緑は希望、赤は自由のために流された血、白は純潔、青は青空を表す。

オランダ東インド会社旗

ナタリア共和国国旗

1854年オレンジ自由国国旗

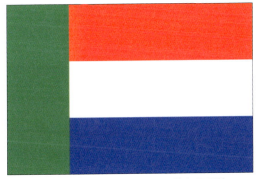
1857年トランスヴァール共和国国旗

国旗編

アフリカ諸国の国旗　[3]　南アフリカ共和国

　1843年英国の侵攻によりナタリア共和国が滅亡、1870年に英領ナタール植民地旗が制定される。英領ナタール植民地旗はフライの白い円に域章を配した英国青色船舶旗で域章は山に向かい走る2頭のヌー、上部に英国紋章を配したもの。

　1876年英領ケープ植民地旗が制定される。英領ケープ植民地旗はフライに白い円に域章を配した英国青色船舶旗。域章は赤い盾型紋章で英国とオランダを表す金色のライオンとケープ植民地創始者であるオランダ人ヤン・ファン・ルーベックの紋章から3個の金色の輪、盾の上に喜望峰を表す岩に腕をかけ港を表す錨を手にする女性、サポーターはヌーとオリックスを配したもの。

英国国旗

英領ナタール植民地旗

英領ケープ植民地旗

　1879年ズールー戦争が勃発し、英国が勝利する。1881年・1899年英国とオランダのボーア戦争が勃発し、英国が勝利し、南アフリカの支配が確立する。現在のクワ・ズールー自治州旗はホイストに伝統的なズールー族の盾と交差した槍を配した赤い縦ストライプと中央に黒緑黄の横ストライプを配した白旗。

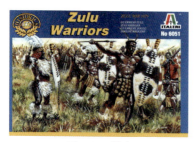
ズールー戦争

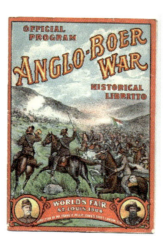
ボーア戦争

クワ・ズールー自治州旗

1906年英領トランスヴァール植民地旗が制定される。英領トランスヴァール植民地旗はフライに域章を配した英国青色船舶旗で域章は円形紋章で草地に座るライオンを描いたもの。

1907年英領オレンジ・リバー植民地旗が制定される。英領オレンジ・リバー植民地旗はフライに域章を配した英国青色船舶旗で域章は白い盾型紋章で草地に立つトビカモシカを描いたもの。

1910年4つの植民地が統合され、南アフリカ連邦が成立、国旗を制定する。南アフリカ連邦旗はフライに国章盾部分を配した英国赤色船舶旗。第1クォーターはケープ植民地を表す赤地に白い岩に腕をかけ右手に錨を持つ女性、第2クォーターはナタール植民地を表す黄地に走る2頭の茶色いヌー、第3クォーターはオレンジ・リバー植民地を表す黄地に実を付けたオレンジの木、第4クォーターはトランスヴァール植民地を表す緑地に白い幌馬車を描いたもの。

1912年アフリカ民族会議（ANC）が結成され、英国からの独立運動が始まる。1925年に採用されたアフリカ民族会議党旗は黒緑黄の横3色旗。黒は自由を求め戦ってきた国民、緑は国土、黄は鉱物資源を表している。

英領トランスヴァール植民地旗

英領オレンジ・リバー植民地旗

南アフリカ連邦旗

アフリカ民族会議党旗

アフリカ諸国の国旗 [3] 南アフリカ共和国

　1928年南アフリカ連邦国旗変更。新しい国旗は中央に国の歴史を表す英国、オレンジ自由国、トランスヴァール共和国国旗を並べたオレンジ白青の横3色旗。最初のオランダ国旗の色を使っている。英国植民地でありながらオランダ系への気使いが見られる。南アフリカ連邦では人種差別政策であるアパルトヘイトが推進される。

アパルトヘイト

1928年南アフリカ連邦国旗

　1994年総選挙が行われマンデラ黒人政権が誕生し、国旗を変更する。新国旗は白と黄色の輪郭線を配した黒赤緑青の横Y字旗。これら6色はANCなど過去に南アフリカの旗に使われたもの。色に固有の意味は規定されていないが、Y字は多様な南アフリカ社会の統一と過去及び現在の勢力を結集させる事による国家の前進を表す。

マンデラ大統領

1994年南アフリカ共和国国旗

ヨーロッパ諸国の国旗

[1] 英国

1066年ノルマンディー公ウイリアムがイングランドを征服する。

1277年イングランド王国国旗制定。中央に赤十字を配した白旗＝聖ジョージ旗を採用する。聖ジョージは英語名で本来はゲオルギウス。3世紀古代ローマ時代の軍人でキリスト教カトリック教会の殉教者。ジョージアを舞台に村で暴れるドラゴンを槍で退治した伝説が残る。イングランド、ジョージア、モスクワの守護神。

ノルマンディー公ウイリアム

聖ジョージの龍退治

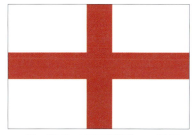
イングランド王国聖ジョージ旗

1603年イングランドとスコットランドが連合を形成する。1606年白いX字の聖アンドリュース十字を配した青のスコットランド王国旗とイングランド王国旗を組み合わせユニオン・フラッグが誕生する。聖アンドリュースは英語名で元来はアンデレ。ペトロ、ヤコブ、ヨハネに次ぐ4番目のキリストの弟子。ギリシャでX字十字架で処刑殉教者となった。小アジアで伝道したためルーマニアとロシアの守護聖人であり、ギリシャとスコットランドでも守護聖人。

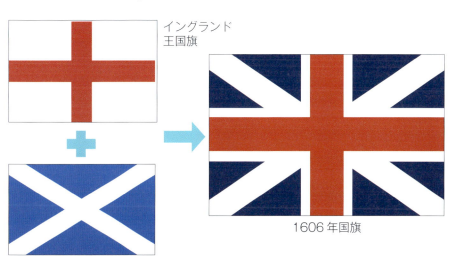
イングランド王国旗
スコットランド王国旗
1606年国旗

聖アンドリュース

1641年清教徒革命が勃発し、英国内戦が続く。1653年王制が廃止され、クロムウェル護国卿による共和制に移行。イングランド共和国国旗が制定される。イングランド共和国国旗は4分割旗で第1、第4クォーターはイングランド旗、第2クォーターはスコットランド旗、第3クォーターはアイルランド青旗、中央にクロムウェル家紋章の立ち上がったライオンを配した黒盾を配した旗。

オリバー・クロムウェル
護国卿

1658年中央に黄色い天使付きの竪琴を入れた青盾を配したユニオン・フラッグに国旗を変更する。

1653年国旗

1658年国旗

1660年王制復古と共にユニオン・フラッグが復活する。

1707年スコットランド王国を併合して、グレートブリテン王国が成立する。

1801年更にアイルランド王国を併合し、グレートブリテン及びアイルランド連合王国が成立し、新しい国旗が制定される。イングランドの聖ジョージ旗、スコットランドの聖アンドリュース旗、赤いX字を配した白旗のアイルランドの聖パトリック旗を組み合せた旗。聖パトリックは英語名で元来はパトリキウス。4世紀アイルランドにキリスト教を広めた司祭。クローバーに似た三つ葉のシャムロックを用いて三位一体を説いたため、シャムロックがアイルランドの守護聖人である聖パトリックのシンボル。

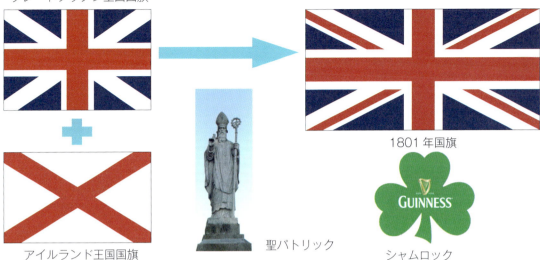

1707年英国合同法で英国国旗をカントンに付けた青色船舶旗と赤色船舶旗がそれぞれ官用船舶旗・民用船舶旗として使われることが定められる。

前者はオーストラリア国旗やニュージーランド国旗に、後者は旧カナダ国旗や旧南アフリカ連邦旗が事例となる。

英国青色船舶旗・官用船舶旗

オーストラリア国旗

ニュージーランド国旗

英国赤色船舶旗・民用船舶旗

旧カナダ国旗

旧南アフリカ連邦国旗

旧英国植民地では圧倒的にフライに固有のバッジを配した英国青色船舶旗が使われ、同様のフライに固有のバッジを配した英国赤色船舶旗が使われた事例が少ない。

赤色船舶旗が植民地で使用されるのは最初に政府から特許を授かった企業が進出し、海外経営が軌道に乗った時点で植民地経営を政府自らが行う場合に経緯に照らし、民用船舶旗である赤色船舶旗を使用していると考えられる。

カナダ進出は1670年カナダ・ハドソン湾会社であり、南アフリカ進出は1889年英国南アフリカ会社であった。会社旗はそれぞれフライに頭文字HBCを白字で記した英国赤色船舶旗、中央に会社頭文字BSACを記し、ライオンを配した英国国旗。

1670年カナダ・ハドソン湾会社旗

1889年英国南アフリカ会社旗

アフリカではタンガニーカ植民地旗がフライにキリンを配した英国赤色船舶旗であったが、最初に進出したのは1888年英国東アフリカ会社でその旗は中央に王冠と太陽を配した英国国旗であった。

1920-1960年英領タンガニーカ域旗

1888年英国東アフリカ会社旗

アジアではインド植民地旗がフライにインドの星を配した英国赤色船舶旗であったが、最初に進出したのは1709年東インド会社で会社旗はカントンに英国国旗を付けた赤白横13ストライプ旗であった。逆に最初から政府が進出した植民地ではオーストラリアやニュージーランドのように官用船舶旗である英国青色船舶旗が使用されたと考えられる。

1945-1947年英領インド帝国旗

1827年英国東インド会社旗

英国青色船舶旗の影響を受けて作られたと考えられる旗がある。

フランス海外行政旗、ベルギー海外行政旗そして韓国統監旗が挙げられる。それぞれ英国同様にカントンに国旗を配した青旗である。

フランス海外行政旗

ベルギー海外行政旗

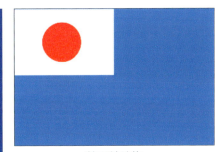
韓国統監旗

大英帝国版図　植民地旗一覧表（使用時期は異なる）

101

[2] オランダ

　1477年オーストリア領ネーデルラントが成立する。オーストリア領ネーデルラント旗は第1、第4クォーターにフランスを表す青地黄色のユリ、第2クォーターにブラバントの黒地黄ライオン、3クォーターにルクセンブルクの白地赤ライオン、中央にフランドルの黒いライオンを配した正方形旗。

　1556年オーストリア・ハプスブルグ家ネーデルラントがスペイン・ハプスブルグ家の統治に移るとスペイン王がプロテスタント貴族の弾圧を始める。1568年オラニエ・ナッソウ公ウィレムを迎え独立運動の準備に入る。スペイン領ネーデルラントでは中央に赤いブルゴーニュ十字を配した白旗が使われる。

　1579年ネーデルラント北部7州連合がユトレヒト同盟を締結し、スペインに対し独立運動を拡大する。7州連合旗は左手で青いリボンで結んだ北部7州を表す7本の矢を掴み、右手で剣を振りかざし、青い舌を出した黄色いライオンを配した赤旗。カトリック教徒の多い南部州は後にベルギーとなる。

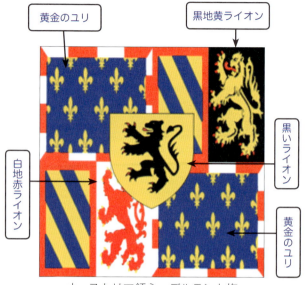

オーストリア領ネーデルラント旗

1556年スペイン領ネーデルラント旗

北部七州連合旗

1581年スペインからの独立宣言を行い、ネーデルラント連合共和国が成立する。オラニエ公ウィレムの青と白に染め分けオレンジ色の房の付いた角笛の紋章から色をとってオレンジ白青の横3色旗を国旗に制定する。

1630年海上でオレンジ色は潮風で色褪せがしやすいので赤に替えられた。

ウィレム公

1581年ネーデルラント連合共和国国旗

1630年ネーデルラント連合共和国国旗

1795年フランス革命軍がオランダを侵攻、フランスに亡命していたオランダ人改革派によるフランス衛星国であるバタヴィア共和国が成立し、国旗を変更する。

国旗はカントンに国章を配した赤白青の横3色旗。カントンに入れた国章は緑の草地に腰掛け、右手で古代ローマ執政官のシンボルである束桿斧を描いた赤い盾を持ち、左手でそばに座ったライオンに支えられながら帽子を上にかけた棒を持った女性の姿を配したもの。バタヴィアとは古代ローマ時代に現在のオランダ北部に住んでいたゲルマン系バタヴィー族に由来する。オランダ人改革派は一時革命後のフランスに亡命していたが、彼らはネーデルラント人ではなくバタヴィー人と名乗っていた。帰国して彼らが実権を握った際にこれを国名とした。

ちなみにオランダ領東インド（現インドネシア）のジャワも当時はバタヴィアと呼ばれ剣とオランダ・カラーの旗を使っている。

1806年ナポレオンが弟のルイ・ボナパルト

1795年バタヴィア共和国国旗

バタヴィア共和国国章

1803-1863年オランダ領
東インド・バタヴィア域旗

国旗編

ヨーロッパ諸国の国旗 [2] オランダ

を国王としてオランダに送り込み、オランダ王国が成立する。赤白青の横3色旗が国旗として使われる。

フランス帝国国旗

フランス併合下オランダ紋章

1810年ルイ・ボナパルトが思ったようにオランダを統治出来なかったため、ナポレオンはオランダをフランスに併合する。オランダ国旗は廃止されるが、国章はナポレオンのシンボルである向かって右を向いた鷲とオラニエ・ナッソウ家シンボルである矢束と剣を持ったライオン両方が描かれている。

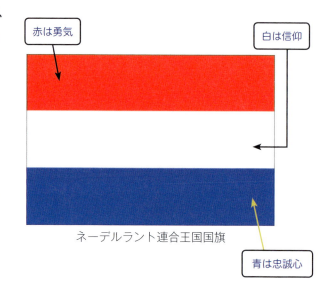
ネーデルラント連合王国国旗

赤は勇気　白は信仰　青は忠誠心

1815年ナポレオン失脚によりネーデルラント連合王国が成立、3色国旗が復活する。赤は勇気、白は信仰、青は忠誠心を表す。

日本では1641年長崎出島にオランダ商館が建設され、幕末まで鎖国であった日本と貿易を行い、オランダが唯一のヨーロッパ情報源となった。1852年にオランダ国旗本を手本に作成された「萬國旗鑑」には北部7州連合旗が掲載されている。ライオンを見たことのない日本の絵師が模写したため、ライオンがどう見ても虎のように描かれている。

長崎出島オランダ商館

1852年オランダ国旗本を手本に作成「萬國旗鑑」

北部七州連合旗

[3] ロシア

1682年ピョートル1世がモスクワ大公国の君主となる。1697年オランダ・英国へお忍びで1年間留学し、造船技術ほか軍事・科学などを学ぶ。

1705年モスクワ大公国国旗を制定する。ロシアの西欧化を推進する手本となるオランダ国旗の色順を替え、白青赤の横3色旗を国旗とする。1721年ロシア帝国初代皇帝に就任する。

ピョートル1世

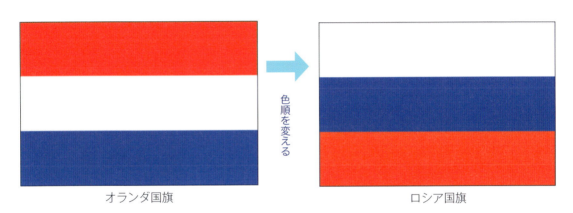

オランダ国旗　色順を変える　ロシア国旗

1725年ピョートル大帝逝去。

1858年ロシア帝国国旗変更。黒黄白の横3色旗が新しい国旗になる。黒は国章の双頭の鷲、黄は聖ゲオルギィのマントの色、白は白馬を表す。聖ゲオルギィは英語ではイングランドの守護聖人の聖ジョージとなる。

1858年ロシア帝国国旗

ロシア帝国国章

ヨーロッパ諸国の国旗 ［3］ ロシア

1914年ロシア帝国国旗変更。白青赤3色旗が復活、黄色いカントンに双頭の鷲と白馬に載った聖ゲオルギィの盾を配した旗。

1917年ロシア革命が勃発する。

1922年ソビエト連邦が成立、国旗を制定する。ソビエト連邦の初代国旗は中央に国章を配した赤旗。国章は社会主義国型紋章で共産主義を表す黄色い縁取りの付いた赤い五角星、地球儀の上に黄色い鎌とハンマー、昇る太陽、小麦穂のリース、「万国の労働者、団結せよ」という標語を白字で記した赤いリボンを配したもの。標語は向かって左上から下へベラルーシ語、ジョージア語、ロシア語、右上から下へアルメニア語、アゼルバイジャン語、ウクライナ語の6ヵ国語で記したもので当時のソビエト連邦の構成国を表している。

レーニン

1914年ロシア帝国国旗

1922年ソビエト連邦初代国旗

1924年国旗が変更される。お馴染みの共産主義シンボルである鎌とハンマーが登場する。国旗の赤は共産主義、鎌は農民、ハンマーは工業労働者を表す。因みに赤旗の起源はソビエト連邦ではなく1789年のフランス革命。元々ブルボン朝フランス王国政府が出す戒厳令発動を示す旗であったが、逆にこれが革命旗になった。1848年パリ・コンミューンでも使用され以降、共産主義、労働組合などのシンボルとなった。

1924年国旗

1848年パリ・コンミューン

1991年ソビエト連邦が解体し、ロシア連邦が成立する。エリツィンが初代大統領に就任し、白青赤の横3色旗が復活する。

1993年国旗の縦横比率を1：2から2：3へ変更する。

戦車の上で演説するエリツィン大統領

縦横比率が変わる

1991年国旗　　　　　　　　　　　　1993年国旗

2000年プーチンが大統領に就任する。

ロシア国旗の白は高潔と素直さ、青は名誉と純粋さ、赤は勇気と寛大さを表す。また、国章にもなっている白馬に跨り青マントを着た聖ゲオルギィの赤い盾由来説もある。

プーチン大統領

ロシア国章

[4] フランス

1364年ヴァロワ朝シャルル5世がフランス王国国旗を制定する。国旗は黄色い三花弁のユリを配した青旗。中央のユリは信仰、左右のユリは信仰を支える騎士道と学問を表している。

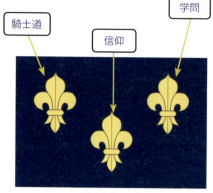
1364年国旗

1428年イングランドと百年戦争が勃発する。

イングランドに侵攻された国土の奪還、解放をめざしジャンヌ・ダルクが活躍する。ジャンヌ・ダルクの軍旗はフランス王国を表すユリを散りばめた白いペナント。旗表は主の両脇に跪く天使、「Jhesus Maria イエス、マリア」の標語、旗裏は王国国章に跪く天使、「DE PAR LE ROY DU CIEL1 天空の王により」のフランス語標語が入っている。この旗が1638年のブルボン朝フランス王国国旗のモデルになったと考えられる。

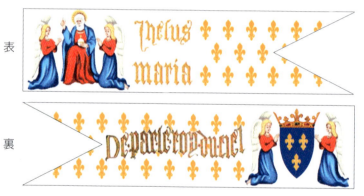
ジャンヌダルク軍旗

ジャンヌ・ダルク

1638年ブルボン朝ルイ13世がフランス王国国旗を変更する。国旗は中央に王冠、黄色いユリの三花弁を描いた青盾、精霊勲章、サポーターは子供天使、フライに黄色いユリを散りばめた白旗。

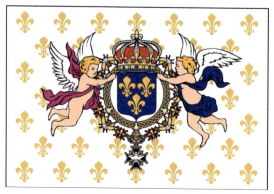
1638年フランス王国国旗

最盛期を築いた太陽王ルイ14世

1789年フランス革命が勃発し、王制は廃止される。1792年に青白赤の縦3色旗が国旗に制定される。青は自由、白は平等、赤は博愛を表す。また、青赤はパリ市旗の色で白はブルボン家の色でもある。

パリ市旗

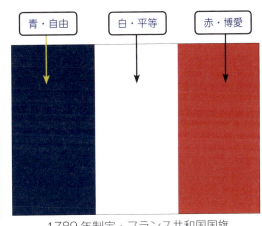

1789年制定・フランス共和国国旗

青・自由　白・平等　赤・博愛

1804年ナポレオン・ボナパルトが皇帝に就任し、フランス帝国となる。

ナポレオン皇帝旗は中央に帝国シンボルである黄色い向かって右を向いて雷電を掴んだ鷲と皇帝冠、周囲に青赤のボーダーを配した正方形旗。

ナポレオン・ボナパルト

ナポレオン皇帝旗

1814年ナポレオンが失脚し、ブルボン王家が復活し、新しい国旗を制定する。

国旗はブルボン王家の色である無地白旗。

1814年フランス王国国旗

国旗編

ヨーロッパ諸国の国旗　[4]　フランス

109

1815年再びフランスは共和制となり、3色旗が国旗として復活する。

1815年フランス共和国国旗

1852年ナポレオン1世の甥のナポレオン3世が皇帝となり再び帝政に移行する。

ナポレオン3世の皇帝旗は中央にナポレオン鷲の国章、黄色いミツバチを全面に散りばめた青白赤の縦3色旗。縦縞は30：33：37。

ミツバチは5世紀のメロヴィング朝シルデリック王のシンボルで1653年王墓から発見され、ナポレオンがブルボン王家のユリに対抗してより古い王家のシンボルとして採用したもの。

1871年帝政が廃止され、共和制に戻る。

ナポレオン3世

ナポレオン3世皇帝旗

1940 年第二次大戦でフランスはドイツ軍に占領される。

ロンドンに亡命したド・ゴール将軍により占領したドイツ軍に対する抵抗組織である「自由フランス軍」が結成される。自由フランス軍軍旗は中央に赤いロレーヌ十字を配した青白赤の縦 3 色旗。ロレーヌ十字は元々はイングランドに占領されていたフランス国土を奪還する戦いで有名になった 15 世紀のジャンヌ・ダルクのシンボルで自由フランス軍はこれをドイツ軍と戦うフランス愛国心発揚の象徴として使用した。

1944 年フランスは独立を回復し、3 色旗が復活する。

ド・ゴール将軍

自由フランス軍旗

1944 年フランス共和国国旗

[5] ドイツ

962年神聖ローマ帝国が成立する。1401年国旗制定。国旗は中央に黒い双頭の鷲を配した黄旗。

神聖ローマ帝国国旗

1701年プロイセン王国成立、国旗を制定する。国旗はホイストに王冠を被り足で宝珠と王笏を掴み、翼を広げる単頭の黒鷲、上下に黒の横縞を配した白旗。
1806年神聖ローマ帝国が滅亡する。

プロイセン王国国旗

1815年39邦から構成されるドイツ連邦が成立し、国旗が制定される。国旗は黄色のカントンに双頭の黒鷲を配した黒赤黄の横3色旗。現在の国旗カラーが登場。

ドイツ連邦国旗

1871年プロイセン王国が主導しドイツが統一され、ドイツ帝国が成立する。ビスマルク宰相によって国旗が制定される。国旗は黒白赤の横3色旗で、黒は勤勉と労働、白は栄光と休息、赤は愛国心を表す。黒と白はプロイセン王国国旗の色で赤と白はハンザ同盟加盟自由市旗に多く見られた色。両者の合体がドイツ統一の基礎となっていることを物語っている。ちなみにハンザ同盟のハンブルグ市旗は白い城塞を描いた赤旗、ブレーメン市旗は赤白の市松模様と横ストライプ旗であった。

ビスマルク宰相

ドイツ帝国国旗

ハンブルグ市旗

ブレーメン市旗

ドイツ帝国海軍旗はカントンに黒い鉄十字を入れた国旗カラー、中央にプロイセンの黒鷲を描いた白円と黒い輪郭線を持つ黒十字を配した白旗でアフリカや太平洋に建設されたドイツ植民地でも使用された。

ドイツ帝国海軍旗

1918年ドイツは第一次大戦に敗れ、ワイマール共和国が成立し、国旗が制定される。

国旗は黒赤黄の横3色旗で黒は勤勉、赤は熱血、黄は無上の名誉を表している。

1935年ヒトラー率いるナチス党によるドイツ国が成立し、国旗が制定される。

国旗は中央に黒いスワスチカを入れた白円を配した赤旗。赤は社会主義、白は民族主義、黒いスワスチカはアーリア民族を表す。国章は単頭の鷲と力を表す樫の葉のリース。

ワイマール共和国国旗

ドイツ国国旗

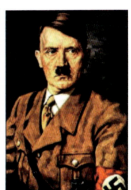

ヒトラー総統

ドイツ国国章

1945年第二次世界大戦に敗れ、1949年東西ドイツに分裂する。

西ドイツ国旗

東ドイツ国旗

西ドイツは黒赤黄の横3色旗を国旗とし、東ドイツはハンマーとコンパスを組み合わせた国章を中央に配した黒赤黄の横3色旗を国旗とした。ハンマーは工場労働者、コンパスは知識人を表している。1956年メルボルン・オリンピック、1960年ローマ・オリンピック、1964年東京オリンピックには中央に白いオリンピック・マークを配した黒赤黄の横3色の統一ドイツ・オリンピック旗の下に両国は参加した。

オリンピック東西統一ドイツ選手団旗
1956, 60, 64年

　1989年東西ドイツを隔てるベルリンの壁が取り壊され、翌1990年ドイツは再統一され、西ドイツ国旗が統一ドイツ国旗となった。
　国旗の黒は勤勉と力、赤は熱血、黄は名誉を表している。

ベルリンの壁崩壊

統一ドイツ国旗

国章編

国章とは何か？

次の3つの特徴が挙げられる。
① 独立国を代表する紋章である。国章に対して植民地や海外領土を代表する紋章は域章と呼ばれる。
② 国のシンボルで、その国の理想・風土・歴史などの特色がよく表される。国旗よりデザインが複雑なため、より多くの情報を読み取れる。
③ 地域的な特徴や宗教・政治体制が表れているもので敬意を持って接する必要がある。

日本の国章は何か？

日本の国旗は1999年8月13日「国旗及び国歌に関する法律」で制定しているが、国章の定めがない。日本はフランス、トルコと並び、国章を持たない世界でも珍しい国である。

国章の替わりに必要に応じて、天皇家紋章である十六弁八重表菊花紋章が使われる。菊花紋章様式細則は1926年皇室儀制令で定められている。観賞用の菊は奈良時代に中国から日本に入ったもので、菊花文様は12世紀末の後鳥羽上皇の頃から使われてきたと言われ、長く皇室を象徴するシンボルとなっている。菊の花言葉は「高貴」である。

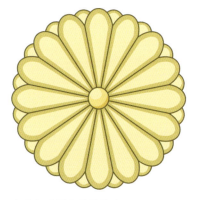

十六弁八重表菊花紋章

靖国神社門柱の菊花紋章

金色の菊花紋章を配した赤旗の天皇旗は明治22年9月30日宮内省達第十七号で制定され、今も使用されている。今上天皇大紋章は英国ガーター騎士団員としての紋章でロンドンのウインザー城内の聖ジョージ・チャペルに掲げられている。金色の菊花紋章を配した赤い盾、周囲に青いガーター勲章、クレストに金色の兜、菊葉の兜飾り、上部に金色の菊花紋章を配したもの。

国章編

日本の国章は何か？

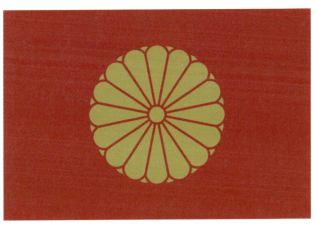
天皇旗

今上天皇大紋章

国民一般が使うパスポート表紙には1965年以降、皇室紋章とは異なる十六弁一重表菊花紋章が使われている。国民が使う国家を代表する紋章であるから、これが実質的な国章のステータスとも考えられるが、この紋章の法的根拠は存在しない。また「国章」という言葉もわが国の法律に見当たらない。国民が国章に対し意識が希薄であるのは当然のことである。

因みに菊花紋章の使用例として自民党旗には十四弁一重陰菊花紋章が使われている。東京都豊島区旗には十二弁一重表菊花紋章が使われている。共に皇室の十六弁を避けている。

14弁一重陰 菊花紋章　　　　　　　　　　　　12弁一重表 菊花紋章

自民党党旗

豊島区区旗

117

海外では国章はどのように使われているのか？

① パスポート表紙に刻印される。金色で彫られることが多い。
② 大使館玄関ないし門に国章が掲げられる。
③ 政府の公式文書にはモノクロで国章が印刷されることが多い。
④ 政府旗及び元首旗の中央に国章が入ることが多い。
⑤ 大使館調度品に国章が付けられることが多い。
⑥ 国際会議各国代表席に国章が示されることが多い。

各国パスポート
上段左より右へオーストリア、アゼルバイジャン、バハマ、バーレーン、バングラデシュ。中段左より右へブルネイ、ブルガリア、ブルキナファソ、ブルンジ、カンボジア。下段左から右へコンゴ民主共和国、コスタリカ、コートジボワール、クロアチア、キューバ

在京コロンビア共和国大使館

国章編

海外では国章はどのように使われているのか？

タイの翼を広げた神様の乗り物ガルーダ国章入り公式文書。

オーストリアの単頭の黒鷲国章を中央に配した政府旗。

ロシアの双頭の金鷲の国章を中央に配した大統領旗。

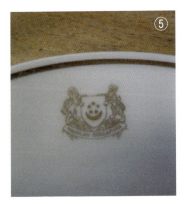

シンガポール大使館晩餐会に使う接客用皿に金色で刻印された国章。

ハーグ国際司法裁判所平和館の各国代表席椅子背もたれにカラー刻印された国章。

国章のかたち（構成要素）

　事例は英国王室紋章で基本形となる「大紋章」の構成要素を図示している。
　コートオブアームズ（盾）を中心に、両脇に動物や人のサポーター（盾持ち）や替わりに植物リース、周りにカラー（頚章）、オーダー（勲章）を下げ、盾の上部はクレストと呼ばれ、ヘルメット（兜）マントリング（兜飾り）トース（ねじり布リース）クラウン（王冠）などで飾られる。盾の上部三分の一は重要な意匠を入れるチャージと呼ばれ、盾の下はコンパートメント（台座）でモットー・スクロール（標語リボン）が飾られる。盾の背後にローブオブエステート（位階服）やパビリオン（天幕）、バトン（杖）を配する場合もある。これらの要素を盛り込んだものが「大紋章」、「中紋章」は盾とクレスト、「小紋章」は盾のみ。これが西洋紋章学の基本形となる。但し、世界の国章には西洋紋章学ルールに則らない紋章も多く存在する。

基本形：大紋章構成要素

イギリス王室（国）の紋章

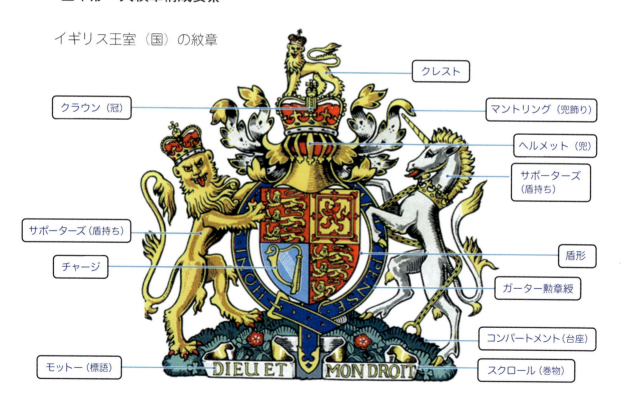

フランス帝国国章でナポレオン鷲を描いた青い盾を中心にクレストに兜、兜飾り、皇帝冠、背後に交差する杖、位階服、周囲に頸章を配した紋章。

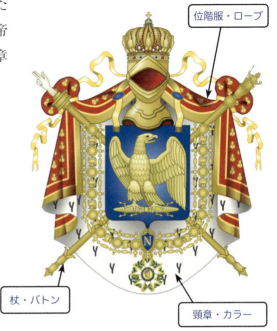

ドミニカ共和国国章で国旗意匠の盾、十字架、聖書、6本の国旗を並べ、サポーターは月桂樹とヤシの葉のリース、クレストに「神、祖国、自由」のスペイン語標語リボン、底部にスペイン語国名を記したリボンを配したもの。

4分割盾の名称

盾を分割して異なるデザインを入れる場合が多いが4分割盾は向かって左上を第1クォーター、右上を第2クォーター、左下を第3クォーター、右下を第4クォーターと呼ぶ。

右図の英国の盾型紋章は第1、第4クォーターがフランスを表す青地に三花弁の黄色ユリ2つとイングランドを表す赤地黄色ライオン2つ、第2クォーターがスコットランドを表す黄地赤ライオン、第3ォーターがアイルランドを表す青地黄ハープとなる。

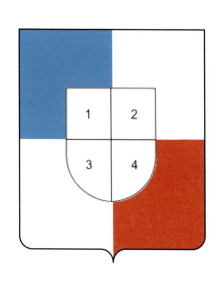
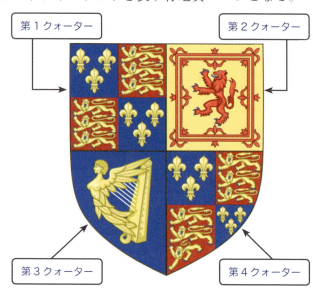

ティンクチャー・ルール

ティンクチャー・ルールは西洋紋章学で決められた紋章色規則で金属色（金＝黄と銀＝白）を同じ金属色の上に、また原色（青、赤、紫、黒、緑）を同じ原色の上に置いてはならない規則のことである。右図の盾はティンクチャー・ルールに則った配色例で金属色である白と黄の間に原色である青が入っている。

紋章色規則に適った配色例
白と黄（金属色）の間に
青（原色）が入る。

盾型紋章分類と旗の基本意匠

旗デザインの基本形は盾型紋章分類に呼応して20種類に分けられる。

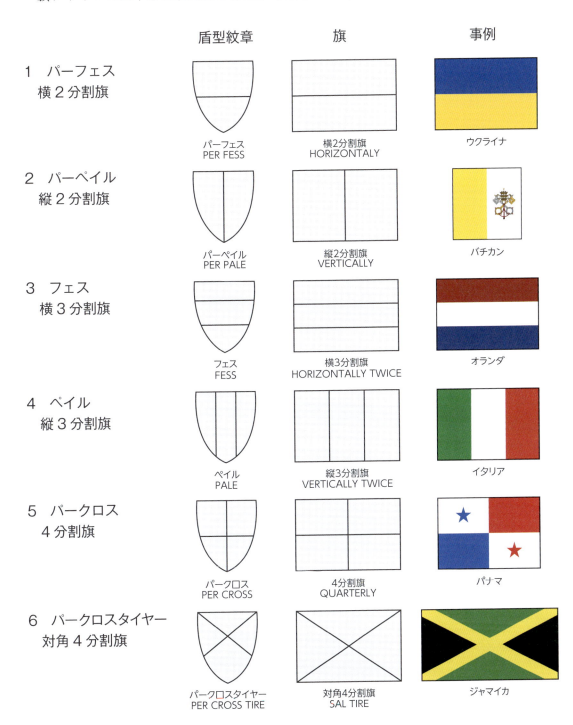

7 パーベンド・斜2分割旗

パーベンド
PER BEND

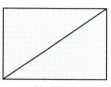
斜2分割旗
DIAGONALLY

ブータン

8 ティアーストベンド・斜3分割旗

ティアースト・ベンド
TIERCED BEND

斜3分割旗
DIAGONALLY TWICE

コンゴ

9 ジャイロニー・放射8分割旗

ジャイロニー
GYRONNY

放射8分割旗
GYRONNY

イギリス

10 チェッキー・市松模様旗

チェッキー
CHECKY

市松模様旗
CHECKY

オランダ・北ブラバント州

11 ディミディエイテッドパーフェス・横T字旗

ディミディエイテッド・パーフエス
DIMIDIATED PER FESS

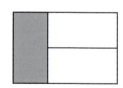
横T字旗
HORIZONTALLY WITH VERTICAL BAND

ベナン

12 パーポール・横Y字旗

パーポール
PER PALL

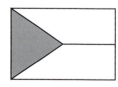
横Y字旗
TRIANGLE

チェコ

13 パイル・横V字旗

パイル
PILE

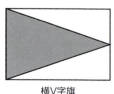
横V字旗
PILE

エリトリア

14 シェブロン・山形旗	 シェブロン CHEVRON	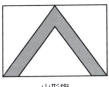 山形旗 CHEVRON	 マルタ・メリエンハ市
15 ベンド・斜帯旗	 ベンド BEND	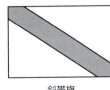 斜帯旗 BEND	 トリニダード・トバゴ
16 パーペイルインデンティド・鋸形旗	 バーペイル・インデンティド PER PALE INDENTED	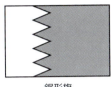 鋸形旗 SERRATION	 カタール
17 クロス・十字旗	 クロス CROSS	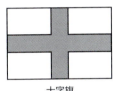 十字旗 CROSS	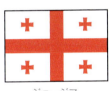 ジョージア
18 クォーター・上角4辺旗（カントン旗）	 クォーター QUARTER	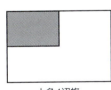 上角4辺旗 CANTON	 台湾(中華民国)
19 ボーデュア・縁取旗（ボーダー旗）	 ボーデュア BORDURE	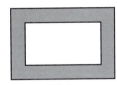 縁取旗 BORDER	 モンテネグロ
20 チャージ・紋章旗	 チャージ CHARGE	紋章旗 CHARGE	 モロッコ

国章編

盾型紋章分類と旗の基本意匠

国章のかたちによる 8 分類

①大紋章……74 ヵ国

　盾を中心に上部にクレスト及び背後に位階服ないし天幕が付いた紋章。右図セルビア国章大紋章は赤い盾型紋章で白いセルビア十字を描いた赤盾を胸に、足元に 12 世紀ネマニッチ朝セルビア王国時代から使われている 2 個の黄色ユリの花を置いた白い双頭の鷲、クレストに冠、背後に冠を載せ黄色い樫の葉と東ローマ帝国の双頭の鷲紋章を入れた赤い位階服を配したもの。セルビア十字は白い十字と四方に外側に向いたオシラ章と 4 個のキリル文字 C 字型模様で構成される。C 字はセルビアの守護神サヴァの頭文字ともキリスト教を初めて容認したコンスタンティヌス 1 世ローマ皇帝の紋章に由来するとも言われる。

セルビア国章 3 種

位階服付

②中紋章……18 ヵ国

　盾に加え上部のクレストの付いた紋章。
　セルビア国章中紋章は赤い盾型紋章で白いセルビア十字を描いた赤盾を胸に、足元に 12 世紀ネマニッチ朝セルビア王国時代から使われている 2 個の黄色ユリの花を置いた白い双頭の鷲を描き、クレストに冠を配した紋章。

クレスト付

③小紋章……18 ヵ国

　盾のみの紋章。
セルビア国章小紋章は赤い盾型紋章で白いセルビア十字を描いた赤盾を胸に、足元に 12 世紀ネマニッチ朝セルビア王国時代から使われている 2 個の黄色ユリの花を置いた白い双頭の鷲を描いた盾型紋章。

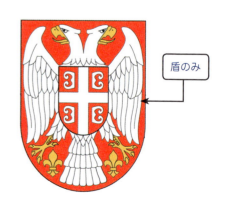

盾のみ

④円形印章型紋章……20ヵ国

名前の通り、円形にデザインが収められたシール状の紋章。

ミクロネシア連邦国章は円形印章型紋章で、中央に海に浮かびヤシの葉が萌え出しているココナッツの実、上部に連邦を構成する4州を表す4個の白い五角星、下部に英語で"PEACE UNITY LIBERTY"「平和、統一、自由」の標語が記された白いリボン、憲法発布年号の1979年、これらは黄色い縄で囲まれ、外側の青い縄との間に国名政府の英語名が記されたもの。

ミクロネシア連邦国章

⑤社会主義国型紋章……11ヵ国

社会主義を表す五角星、農民や工業労働者を表すシンボル、国名や標語を記したリボンが付いた小麦など植物リースを持った紋章。

ベトナム国章は赤い社会主義国型紋章で社会主義を表す黄色い五角星と農業を表す稲穂のリース、工業化を表す歯車、ベトナム語で国名を黄字で記した革命を表す赤いリボンを配したもの。

ベトナム国章

⑥ 中南米型植物リース紋章……26ヵ国

中央に盾を置き、サポーターとしてオリーブ、月桂樹など植物リースを配した紋章で中南米に多い。

ウルグアイ国章は盾型紋章で第1クォーターは青地に平等と正義を表す天秤、第2クォーターは白地に力を表すモンテビデオの丘、第3クォーターは白地に自由を表す走る黒い馬、第4クォーターは青地に豊饒を表す黄色い牛、盾の背後に顔の付いた太陽、青いリボンで結んだ平和を表すオリーブの枝のリースと勝利を表す月桂樹の枝のリースを加えたもの。

ウルグアイ国章

植物リース

⑦ 胸盾型紋章……12ヵ国

鷲や鷹など鳥類の胸に国旗カラーの盾を台座に国名を記した銘板を配した紋章で中東イスラム諸国に多い。

イラク国章は胸に国旗意匠の盾を抱き、足でアラビア語の国名を黒字で記した緑の銘板を掴み、翼を広げホイストを向く12世紀十字軍を打ち破ったイスラムの英雄サラディンの鷲を配したもの。

イラク国章

胸盾

⑧ その他紋章……18ヵ国

前記7つのタイプのどれにも属さない紋章。

左図イラン国章はアッラーに向かう人間の成長と変革を表し、垂直に立つ剣と2個ずつ対称に置かれた4個の三日月から構成される。剣は力と勇気、4個の三日月は月の4段階の進化を表す。

右図インド国章は柱の上に立つ三頭の獅子像をかたどった記念柱で、アショカ王の古都サルナート遺跡から発掘された。台座中央にチャクラ、その両側に馬と牛が描かれ、柱の下にヒンドゥー語で「真の勝利」と黒字で記されている。

イラン国章

インド国章

国章のかたち分析

8種類に分類した国章のかたちを円グラフにすると一番多いのが38％を占める大紋章、次いで13％の中南米型植物リース紋章、10％の円形印章型紋章となる。

西洋紋章の基本形である大紋章がやはり最多ということになる。

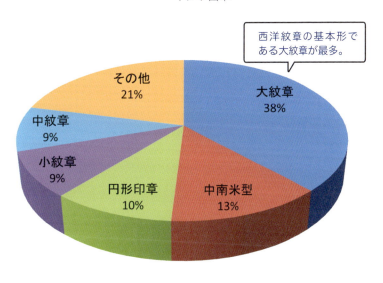

国章デザインのモチーフ

① 植物紋章……18ヵ国

　レバノン国章は国旗意匠の赤い盾型紋章で中央に緑のレバノン杉を描き、白い斜め帯を配したもの。レバノン杉は古代イスラエル王ソロモンが神殿に、また古代フェニキア人が造船用に使ったと言われる。

② 動物紋章……64ヵ国

　ドイツ国章は黄色い盾型紋章で翼を広げた単頭の黒鷲を配したもの。

③ 天体紋章……30ヵ国

　トルコ準国章は赤い楕円形紋章で中に白い上向きの三日月と五角星、白字でトルコ語で国名を配したもの。

④ 器物紋章……41ヵ国

　イスラエル国章は青い盾型紋章で中央の7枝の燭台はメノーラと言い、紀元前70年にエルサレムを破壊したローマ人が持ち去ったもので、ローマ古墳から発見されたというユダヤのシンボル。底部にヘブライ語で国名、周囲にユダヤ民族の平和を表すオリーブの枝のリースを配したもの。

⑤ 文様紋章……12ヵ国

　クロアチア国章はシャホヴニツァと呼ばれる伝統的な赤白の25個の市松模様でクレストに5個の歴史的な青い小盾が載っている。向かって左から中央クロアチアを表す六角黄星と白い三日月、ラグーサを表す二本の赤い横縞、ダルマチアを表す3頭の黄ライオンの頭、イストリアを表す黄色い山羊、スラボニアを表す六角黄星と走る黒テンを配したもの。市松模様の赤は海岸部、白は内陸部を表す。

⑥ 風景紋章……32ヵ国

　コスタリカ国章は盾型紋章で3つの噴煙を上げる山の間から太陽の昇る海に浮かぶ2隻の帆船、空に7州を表す7個の白い五角星、上部にスペイン語"AMERICA CENTRAL"「中央アメリカ」と白字で記した青いリボンと"REPUBLICA DE COSTA RICA"「コスタリカ共和国」と黄字で記した白いリボンを配したもの。

国章編

国章デザインのモチーフ

レバノン国章・レバノン杉

ドイツ国章・鷲

トルコ準国章・三日月と星

イスラエル国章・燭台

クロアチア国章・市松模様

コスタリカ国章・カリブ海

国章デザインのモチーフ分析

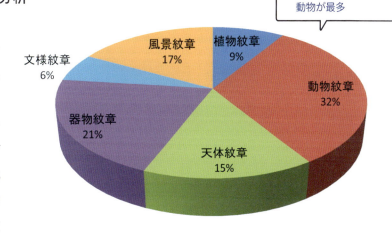

ライオン・ワシなど動物が最多

　国章デザインのモチーフを円グラフにして見る。最多は32%のライオン、鷲などの動物紋章、次いで15%の星、三日月などの天体紋章、そして21%の建物や乗り物など器物紋章と続く。日本の家紋ではモチーフとして最も多い植物紋章が世界では9%と動物紋章の3分の1と大変少ないことが分かる。

国章デザインの地域特性

大陸別に国章を集め、そのデザインを解析してみると地域特性が見えてくる。

〈1〉 アジア諸国 47 ヵ国の国章

① 盾を中心とした西洋紋章学のルールに則らないデザインが多い。11 ヵ国と大陸別では最多である。

　イラン国章、インド国章（129 頁参照）

　オマーン国章は交差した剣の上にハンジャールという伝統的な短剣と飾り付きベルトを配したもの。

　ブルネイ国章は国家を表す赤い燕尾旗、国王の日傘、正義、平穏、繁栄、平和を表す翼、不動の政府を表す柱、2 本のかざす手は政府への忠誠と国民の福祉、繁栄を実現する国の義務を表す。底部にイスラムを表す上向きの三日月、中にジャウィ文字マレー語で「常に神の導きに従え」という標語が黄字で記され、赤いリボンに国名が黄字で記されている。

イラン国章

インド国章

オマーン国章

ブルネイ国章

② 社会主義国型紋章が大陸別では最多の6ヵ国ある。

中国国章は赤い社会主義国型紋章で黄色い大きな五角星と4個の小さな五角星、天安門、農業を表す麦束と米穂、工業を表す歯車、共産主義を表す赤い布を配したもの。

ベトナム国章（127頁参照）

北朝鮮国章は社会主義国型紋章で共和国が受け継いだ革命伝統と朝鮮人民の明るい未来を表す光を放つ赤い五角星、水豊ダムと強力な重工業を軸とする自立的な近代工業と労働者階級を表す水力発電所、発展した農業と農民を表す稲穂のリース、底部に朝鮮語で国名を黄字で記した朝鮮人民の統一団結とその威力の不変性を表す赤いリボン、背景に湖と雪を抱く金日成が生まれたとされる革命の聖山・白頭山を配したもの。

ラオス国章は社会主義国型紋章でヴィエンチャンのタートルアン仏塔、ナムグムダムと水力発電所、道路、米畑、森林、日の出と歯車、稲穂のリース、底部にラオ文字・ラオ語で向かって左に「平和、独立、民主主義」右に「統一、繁栄」という標語と中央に国名を黄字で記した赤いリボンを配したもの。

中国国章

ベトナム国章

北朝鮮国章

ラオス国章

③　胸盾型紋章が大陸別で最多の6ヵ国に見られる。

シリア国章はムハンマドを生んだクライシュ族のシンボルである黄色のフライを向いた鷹で胸に国旗意匠をあしらった盾を抱き、その下に緑の植物の枝のリース、アラビア語の国名を黒字で記した緑のリボンを足で掴んでいる。

アラブ首長国連邦国章は預言者ムハンマドを生んだクライシュ族のシンボルである金色の鷹の胸に描かれた、連邦構成7首長国を表す7個の五角星に囲まれた国旗意匠を配した円、底部に鷹の足が掴む赤い銘板にはアラビア語で国名が白字で記されているもの。

イラク国章（128頁参照）

クウェート国章は青い円形紋章で航行するバガラと呼ばれる大型ダウ船、上部にアラビア語国名を黒字で記した白いリボン、底部に翼を広げた黄色いハヤブサと国旗カラーの盾を配したもの。

シリア国章

アラブ首長国連邦国章

イラク国章

クウェート国章

④　器物紋章が多く10ヵ国に見られる。

アフガニスタン国章は国旗を付けたモスク、説教壇、上部に「アッラーの他に神はなく、ムハンマドはアッラーの使徒なり」と「神は偉大なり」という聖句、底部には独立したアフガン暦1298年（西暦1919年）と国名を記したリボン、小麦穂のリース、新生アフガニスタンを象徴する昇る太陽を加えたもの。

イスラエル国章（130頁参照）

ブータン国章は赤い円形紋章で中央に世俗の権力と宗教の権力を表す十字に交差した黄色い金剛杵、中心にグレーと赤の宝玉、国名を表す雌雄2頭の龍、下に清浄を表すグレーとピンクの蓮の花、上部にチャットラと呼ばれる赤い日傘を配したもの。

カンボジア国章は青い盾型紋章で中に金色の重ねた儀式用椀、その上に国王の力を示す聖剣、神聖なオーム（聖音）、緑の月桂樹のリース、カンボジア勲章のメダル、クレストに陽の光を放つ王冠、マント、金色のローブ、5層の日傘を持って左に象の鼻をしたガジャシンハと右が獅子のシンハ、底部にクメール語で「カンボジア王国の国王」と白字で記した青いリボンを配したもの。

アフガニスタン国章
イスラム寺院

イスラエル国章
燭台

ブータン国章
宝珠・金剛杵

カンボジア国章
聖剣・聖椀

〈2〉 ヨーロッパ諸国 45 ヵ国の国章

① 盾のみを使った小紋章の国章が大陸別最多でヨーロッパ全体の 49% を占める 22 ヵ国に見られる。英国発祥の大紋章の国章は意外と 12 ヵ国しかなく、大陸別ではヨーロッパは第 3 位になる。

ロシア国章は赤い盾型紋章で胸に 13 世紀からモスクワ大公国の守護聖人である聖ゲオルギィの赤盾を付け、足で宝珠と笏を掴み、頭に黄色冠を被り、更に黄色いリボンの付いた冠を置いた双頭の黄鷲を配したもの。

アイルランド国章は青い盾型紋章で中に金色の竪琴を配したもの。

ドイツ国章（130 頁参照）

フィンランド国章は冠を被り、鎧を付けた腕で直剣を振り上げ、隣国ロシアの曲剣を足で踏みつける黄色いライオンと 9 つの旧地方を表す 9 個の白バラを配したもの。

ロシア国章

アイルランド国章

ドイツ国章

フィンランド国章

②　文様紋章が多い。大陸別では最多で8ヵ国に見られる。

　　クロアチア国章（130頁参照）

　モナコ国章は盾型紋章でグリマルディ家の赤白の菱形紋章、サポーターは剣を振り上げる2人のフランシスコ会修道士、盾の背後に公爵冠を載せた赤い位階服、盾の周りに聖シャルル勲章、底部にラテン語 "DEO JUVANTE"「神のご加護と共にあらん」という標語を黒字で記した白いリボンを配したもの。

　ギリシャ国章は青い盾型紋章で中に白いギリシャ十字、周囲に勝利を表す月桂樹の枝のリースを配したもの。

　スイス国章は国旗意匠の盾型紋章。スイスは国章に限らず州章もすべて盾の上部に王冠や上飾り、また盾の両側にサポーターが付かないシンプルな盾型紋章が特徴。

クロアチア国章
市松模様

モナコ国章
菱形模様

ギリシャ国章
十字模様

スイス国章
十字模様

③　動物紋章が多い。大陸別では最多でヨーロッパ全体の49%を占める22ヵ国の国章に見られる。

　オーストリア国章は黄色い城塞冠を被り胸に国旗意匠の盾を抱き、断ち切られた鎖の付いた足で黄色い鎌とハンマーを掴み、翼を広げた黒い単頭の鷲を配したもの。鷲が被っている城塞冠は自治都市、鎌とハンマーは工業労働者と農民を表す。足の断ち切られた鎖はナチスからの解放を表す。

オーストリア国章・鷲

　英国国章は中央に盾、サポーターはイングランドのライオンとスコットランドの一角獣ユニコーン、クレストに王冠とライオン、台座にイングランドのバラ、スコットランドのアザミ、アイルランドのシャムロック、底部にフランス語で「神と我が権利」の標語リボン、盾の周りにガーター勲章。フランス語で「悪意を抱く者に災いあれ。」の標語。盾は第1、第4クォーターが赤地3頭のイングランド・ライオン、第2クォーターはスコットランドの黄地赤い立ち上がったライオン、第3クォーターはアイルランドの青地黄色い竪琴を配したもの。

英国国章
ライオン・ユニコーン

　デンマーク国章は黄色い盾形紋章で中に1047年から1375年にデンマーク王家であったエストリズセン王家紋章に由来する3頭の王冠を被った青ライオンと9個の赤いハート、クレストに王冠を配したもの。

デンマーク国章
ライオン

　モルドバ国章は黄色縁取りのある盾型紋章で黄色牛の頭、角の間に黄色八角星、三日月とバラの花を描いた盾を胸に付け、黄色十字架を咥え、足でオリーブの枝と笏を持つ鷲を配したもの。

④　ヨーロッパでは、円形印章型紋章が皆無。

モルドバ国章
牛・鷲

〈3〉 アフリカ諸国 54 ヵ国の国章

① 大紋章が多い。大陸別では最多でアフリカ全体の 52％ を占める 28 ヵ国の国章に見られる。

　宗主国が大紋章発祥の英国が多く、独立後の国章制定に当たり影響を受けたと考えられる。

　マラウイ国章は盾型紋章でチーフはマラウイ湖を表す青白 4 本の波線、赤地に黄色いライオン、黒地にアフリカの自由の夜明けを表す黄色の昇る太陽、クレストの兜飾りに赤と黄色のねじり布のリース、日の出と国民の不屈の精神を表す魚を咥えたサンショクウミワシ、底部に英語 "UNITY AND FREEDOM"「統一と自由」という標語を黒字で記した黄色のリボン、サポーターは台座のムランジェ山に立つ英連邦を表すライオンと過去の植民地時代を表す豹を配したもの。

　ジンバブエ国章は肥沃な土地を表す緑の盾型紋章で中央にジンバブエ遺跡、チーフは繁栄をもたらす水資源を表す青白の 15 本の波線、盾の背後に戦争から平和への移行を示す交差したライフル銃と鍬、クレストは農業と鉱業を表す緑と黄色のねじり布のリースの上に希望を表す赤い五角星と大ジンバブエ鳥、台座には主要作物である綿花、小麦、トウモロコシ、英語 "UNITY FREEDOM WORK"「統一、自由、労働」という標語を黒字で記した白いリボン、サポーターは様々な民族の融合を表す 2 頭の黒茶白で描かれた鹿の一種のクードゥーを配したもの。

ザンビア国章は黒い盾形紋章でビクトリア滝を表す 6 本の白い波線、クレストに自由と困難に打ち勝つ力を表す黄色いサンショクウミワシ、農業と鉱業を示す鍬とツルハシ、台座は緑の丘に鉱業を表す鉱山立坑、国土を表すシマウマ、農業を表すトウモロコシ、英語 "ONE ZAMBIA ONE NATION"「1 つのザンビア、1 つの国家」という標語を黒字で記した白いリボン、サポーターはアフリカ人家族を表す黒人男女を配したもの。

　ナイジェリア国章は黒い盾型紋章で中にニジェール川とベヌエ川の合流点を表す白い Y 字曲線、クレストに緑と白のねじり布のリースにのった力のシンボルである赤い鷲、台座は草地に領土を表す国花である黄色いアヤメ科コスタス・スペクタビリス、英語 "UNITY AND FAITH, PEACE AND PROGRESS"「統一と信頼、平和と進歩」という標語を黒字で記した黄色いリボン、サポーターに国民の尊厳を表す 2 頭の白馬を配したもの。

国章編

国章デザインの地域特性

マラウイ国章

ジンバブエ国章

ザンビア国章

ナイジェリア国章

② 円形印章型紋章が多い。大陸別では最多で7ヵ国の国章に見られる。国章を持たない宗主国フランスから独立した国に多い。

モーリタニア国章は円形印章型紋章で中に黄色い五角星と上向きの三日月、白いナツメヤシの木とキビの穂、周囲の白い帯にアラビア語とフランス語国名を緑字で配したもの。

マリ国章は青い円形印章型紋章で黄色い日の出、二張りの弓、15世紀ソンガイ帝国の中心都市ジェンネのモスク、上部にグレーのハゲタカ、帯の中は上部にフランス語国名、底部にフランス語 "UN PEUPLE UN BUT UNE FOI"「1つの国民、1つの目標、1つの信念」という標語を黒字で配したもの。

マダガスカル国章は黄色い円形印章型紋章で中央の白い円に赤い地図、背後に7枚の緑のタビビトノキと8本の赤い太陽光線、下部に赤いコブウシの頭と稲田、緑の稲穂のリースとマダガスカル語の国名を黒字で記し、底部には "TANINDRAZANA FAHAFAHANA FANDROSOANA"「祖国、自由、進歩」というマダガスカル語標語を黒字で記した白いリボンを配したもの。

エチオピア国章は青い円形印章型紋章でソロモン王の印章をモチーフとし、黄色い輪郭線で書いた五角星と4本の光線を配したもの。ソロモン王とシバの女王の息子メネリク1世がエチオピアを建国したと伝えられる。青は平和、五角星は国民の団結、黄色の光線は輝ける繁栄、等間隔にある光線は民族、宗教上の平等を表す。

モーリタニア国章

マリ国章

マダガスカル国章

エチオピア国章

③　天体紋章が多い。大陸別では最多で12ヵ国の国章に見られる。欧州列強からの独立を表す星が多い。

ソマリア国章は盾形紋章でクレストに冠を付け、国旗の意匠の白い星を入れ、白いリボンを付け交差したヤシの葉と槍の上に立つ2頭の豹をサポーターに配したもの。

ギニア・ビサウ国章は赤い円形紋章で中央にアフリカ人の自由と尊厳を表す黒い五角星、平和を表すヤシの葉のリースがこれを囲み、下部にポルトガル語"UNIDADE LUTA PROGRESSO"「統一、闘争、進歩」という標語を黒字で記した赤いリボン、底部には大西洋を表す黄色い帆立貝を配したもの。

ガーナ国章は青い盾型紋章で黄色い縁取りのある緑十字で仕切られ、中央に黄色

いライオンが描かれている。第1クォーターは地方行政を示す交差した黄色い剣と杖、第2クォーターは昔のクリスチャンボーグ要塞と今日の中央政府を表す海に浮かぶ城、第3クォーターは国の主要産物であるカカオの木、第4クォーターは国の富である金鉱山の建物、クレストに赤黄緑のねじり布のリースの上にアフリカの自由を表す黒い五角星、台座は草原と英語で"FREEDOM AND JUSTICE"「自由と正義」の黄色い標語リボン、サポーターは首に黒い五角星の付いた緑黄赤のリボンを下げた2羽の黄色い鷲を配したもの。

　ナミビア国章は盾型紋章で国旗意匠の黄色い太陽を配し、クレストは6個の黄色い菱形を入れた緑の布のリースに立つナミビアの未来を表すサンショクウミワシ、台座は黄色いナミブ砂漠に分布する緑のウェルウィッチア、英語"UNITY LIBERTY JUSTICE"「統一、自由、正義」という標語を黒字で記した白いリボン、サポーターに勇気と気品を表す2頭のオリックスを配したもの。

ソマリア国章　星

ギニア・ビサウ国章　星

ガーナ国章　星

ナミビア国章　太陽

④　器物紋章が多い。大陸別では最多で13ヵ国の国章に見られる。
　カメルーン国章は盾型紋章で国旗同様に緑赤黄で3分割し赤地に黄色い五角星と平等を表す黒い天秤と青い国土、背後に交差した黄色い束桿斧、上部にフランス語で"PAIX TRAVAIL PATRIE"英語で"PEACE WORK FATHERLAND"「平和、

労働、祖国」という標語，底部に英語とフランス語の国名を黄色い銘板に記したもの。

　ガンビア国章は盾の周りに緑白の帯を付けた青い盾型紋章で中央に二大民族であるマンディンゴ人の鍬とフラニ人の斧を交差させ、クレストに兜飾り、青と黄色のねじり布のリースとヤシの葉、サポーターは斧と鍬を持ったライオン、底部に英語"PROGRESS PEACE PROSPERITY"「進歩、平和、繁栄」という標語を記した白いリボンを配したもの。

　モザンビーク国章は社会主義国型紋章で工業と労働者を表す黄色い歯車の中にモザンビークの地図と海、教育を表す開かれた本と交差した防衛と警戒心を表すライフル銃と農民と農作物を表す鍬、社会主義を表す赤い五角星、革命と新生活を表す赤い日の出、底部にポルトガル語で国名を黄字で記した赤いリボン、豊かな農業を表すトウモロコシとサトウキビのリースを配したもの。

　ジブチ国章は中央に文化と伝統を表す短剣を持つアファール人とイッサ人を表す2本の腕と盾、背後に主権の防衛を表す槍、上部に赤い五角星、周囲に平和を表す月桂樹のリースを配したもの。

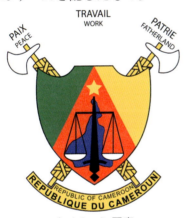

カメルーン国章
天秤

ガンビア国章
鍬と斧

モザンビーク国章
ライフル銃・鍬

ジブチ国章
盾・槍・ナイフ

〈4〉 北米南米諸国 35 ヵ国の国章

① 中南米型植物リース紋章が多い。大陸別では最多で 9 ヵ国の国章に見られる。

メキシコ国章は中央に湖の中央の岩に生えるサボテンの上で蛇を掴む鷲を配し、首都創設のアステカ神話を伝えるもので樫の枝と月桂樹の枝のリースを配したもの。

アルゼンチン国章は青空と銀・ラプラタ川を表す青と白に染め分けた盾型紋章で中央に自由を表す棒に付いた赤いフリギア帽、友愛と団結を表す握手する 2 本の腕、盾の背後に自治宣言を行った 1810 年 5 月 25 日ブエノスアイレスの空に現れた「5 月の太陽」、周囲に青と白のリボンで結んだ勝利を表す月桂樹の枝のリースを配したもの。

グアテマラ国章は 1821 年 9 月 15 日の独立宣言書、自由のシンボルでホイストを向いた国鳥ケッツアール、背後に交差した剣付銃とサーベル、周囲に月桂樹の枝のリースを配したもの。

ウルグアイ国章（128 頁参照）

メキシコ国章
樫・月桂樹

アルゼンチン国章
月桂樹

グアテマラ国章
月桂樹

ウルグアイ国章
オリーブ・月桂樹

② 風景紋章が多い。大陸別では最多で北米南米全体の31%を占める11ヵ国の国章に見られる。

コスタリカ国章（130頁参照）

キューバ国章は盾型紋章でチーフは新しい共和国を表す日の出、キューバの象徴でフロリダ半島とユカタン半島の間の地理的位置を示す2つの岩山の間に置かれた金の鍵、下部は青白の斜縞、緑のヤシの木、盾の背後に権威を表す束桿斧と自由を表す赤いフリギア帽、周囲は国力を表す樫の枝と名誉、栄光を表す月桂樹の枝のリースを配したもの。

エクアドル国章は青い盾型紋章で顔つき太陽と白羊宮、金牛宮、双児宮、巨蟹宮の4つの黄道帯の印、白雪をかぶるチンボラソ山と川を渡る船、クレストに翼を広げホイストを向いたコンドル、盾の背後に交差した4本の国旗、月桂樹の枝のリースとヤシの葉のリース、底部に共和国を表す束桿斧を配したもの。

ボリビア国章は楕円形紋章でアルパカ、パンノキ、麦束、日の出、ポトシ銀山、周囲の青い帯に10県を表す10個の白い五角星、黄色い輪に赤字でスペイン語BOLIVIA、クレストに翼を広げたコンドル、月桂樹の枝とオリーブの枝のリース、自由を表す赤いフリギア帽、国の権威を表す斧、国の防衛を表す4丁のライフル銃、2門の大砲、交差した6本の国旗を配したもの。

コスタリカ国章
チリポ火山

キューバ国章
フロリダ半島
ユカタン半島

国章編

国章デザインの地域特性

エクアドル国章
チンボラソ山

ボリビア国章
ポトシ銀山

③　器物紋章とりわけ帆船を描いた紋章が多い。

　大陸別では最多で8ヵ国の国章に見られる。大航海時代の名残と考えられる。

　スリナム国章は盾型紋章で青地にアフリカから奴隷がスリナムに連れて来られた過去の歴史を表す黄色い帆船、白地に正義と現在を表す緑のヤシの木、中央にスリナム人が五大陸からやって来たことを表す黄色い五角星を入れた愛情を表す緑の菱形、サポーターは弓矢を持つ二人のインディオ、底部にラテン語 "JUSTITIA PIETAS FIDES"「正義、信心深さ、忠誠」という標語を黒字で記した赤いリボンを配したもの。

　バハマ国章は盾型紋章でチーフは青色地に黄色い太陽、下部は白地に航行するコロンブスの帆船サンタマリア号、クレストに金色の兜、黄色と青色のねじり布リース、巻貝、5枚のヤシの葉、サポーターは波の上にマカジキと草地の上に国鳥のフラミンゴ、底部に英語 "FORWARD UPWARD ONWARD TOGETHER"「前に上に先に共に進む」という標語を黒字で記した黄色いリボンを配したもの。

　トリニダード・トバゴ国章は盾型紋章で白い山形線で仕切られ、黒地に2羽の金色のハチドリ、赤地に3隻のコロンブスの帆船であるサンタマリア号、ニナ号、ピンタ号、クレストに金色の兜、赤と白のねじり布のリース、ヤシの木と茶色の船の舵、サポーターは赤いショウジョウトキとコクリコ、底部に英語 "TOGETHER WE ASPIRE, TOGETHER WE ACHIEVE"「共に願い、共に達成する」という標語を黒字で記した白いリボン、台座は波間にトリニダードを表す3つの丘とトバゴを表す海から隆起した島を配したもの。

セントクリストファー・ネーヴィス国章は白い盾型紋章で赤い山形で仕切られ、国花のホウオウボクの赤い花が２つとコロンブスの帆船サンタマリア号、チーフは青地にフランスを表す黄色いユリの花、現地人の頭、英国を表すバラの花、クレストにグレーの兜、黄色と黒の兜飾りと同色のねじり布のリース、黒人と白人の手で支えられたたいまつ、サポーターはヤシの木とサトウキビを持つ２羽の白い国鳥ペリカン、底部に英語 "COUNTRY ABOVE SELF"「個人を超越する国家」という標語が赤字で記された白いリボンを配したもの。

スリナム国章
奴隷帆船

バハマ国章
コロンブス帆船

トリニダード・トバゴ国章
コロンブス帆船

セントクリストファー・ネーヴィス国章
コロンブス帆船

〈5〉 オセアニア諸国 16 ヵ国の国章

① 大紋章が多い。旧英国植民地の 4 ヵ国の国章に見られる。

オーストラリア国章は盾の中に 6 植民地のシンボル、周りの白帯に 14 個の紋章学でいうアーミン（テンの毛皮模様）、底部に英語で国名、背後に国花のワトル、クレストに連邦を表す黄色の七角星、青と黄色のねじり布のリースを配したもの。6 植民地のシンボルはニュー・サウス・ウェールズが白地に赤十字に 4 個の八角星とイングランド・ライオン、ビクトリアが青地に王冠と南十字星、クイーンズランドが白地に青いマルタ十字と王冠、南オーストラリアが黄地に翼を広げたモズ、西オーストラリアが黄地に黒鳥、タスマニアが白地に前足を上げた赤いライオンがシンボル。

ニュージーランド国章は盾型紋章で盾は赤と青で四分割し、中央に交易を表す 3 隻のガレー船を描いた白い縦帯を持つ。第 1 クォーターは青地の赤い 4 個の星で国旗にもある南十字星、第 2 クォーターは赤地に黄色い羊で畜産、第 3 クォーターは赤地に黄色い麦束で農業、第 4 クォーターは青地に黄色い交差したハンマーで工業を表す。クレストに王冠、底部に英語「国名」の標語がある。サポーターは国旗を持つ白人女性とタイアハと呼ばれる儀式用槍を持つ先住民マオリ男性で共に向き合う姿。

フィジー国章は盾型紋章でチーフは赤地に手にカカオの実を持つ黄色いライオン、下部は白地に赤い聖ジョージ十字で 4 分割され、第 1 クォーターはサトウキビ、第 2 クォーターはココヤシの木、第 3 クォーターはオリーブの枝を咥えた白鳩、第 4 クォーターはバナナの房が描かれている。クレストは浮材の付いたカヌー、底部にはフィジー語で "RERE VAKA NA KALOU KA DOKA NA TUI"「神を畏れ、王を敬え」の標語が記された白いリボン、サポーターにクワの樹皮で作られた腰巻を付け、槍と棍棒を持った二人のフィジー戦士を配したもの。

ソロモン諸島国章は鰐と鮫がサポーターの盾形紋章。チーフは青地に東部地区を示す 2 羽の軍艦鳥とマライタ地区を示す海鷲、下部黄地に緑の X 字が描かれ、その中に白い槍が交差し、中央には中部地区を示す伝統的な盾、弓矢と槍、X 字の左右には西部地区を示す茶色い 2 匹の亀が描かれている。クレストは赤く塗られた銀色の兜が飾られ、青と白のねじり布のリース、兜飾りは戦闘用カヌーと昇る太陽、底部には軍艦鳥を模した文様と英語で「導き奉仕せよ」の標語リボンを配したもの。

オーストラリア国章

ニュージーランド国章

フィジー国章

ソロモン諸島国章

② 天体紋章が多い。南十字星などが4ヵ国の国章に見られる。

　サモア国章は南十字星を盾の中央に置き、その上にヤシの木、クレストにはキリスト教を表す十字架、背後には国連と同じ子午線の入った地球とそれを囲む2本のオリーブの枝のリース、底部にサモア語の標語 "FA AVAEI LE ATUA SAMOA" 「神がサモアにあらんことを」を配したもの。

　ニュージーランド国章（148頁参照）

　クック諸島国章は15個の白い五角星を輪に並べた青い盾をキリスト教のシンボルである十字架を持ったシロアジサシの種類でカカイアという鳥と島の伝統を表すラロトンガ櫂を持った飛魚マロロが支え、クレストに政府の委託で首長が地域を治める伝統的な階級制度の重要性を示す首長が被る赤い羽毛で出来たアリキと呼ばれる髪飾り、底部に真珠とヤシの葉、黄色の国名リボンを配したもの。

　キリバス国章は日の出の上を飛んでいる黄色い軍艦鳥と太平洋を表す青と白の波

線が3本ずつ描かれた盾型紋章。日の出の17本の光線はギルバート諸島に属する16の島とリン鉱石の生産地として有名なバナバ島を示している。3本の波線はギルバート諸島、フェニックス諸島、ライン諸島を表す。盾の下部にはキリバス語で "TE MAURI TE RAOI AO TE TABOMOA"「健全、平和、繁栄」という標語リボンが付いている。

サモア国章
南十字星

ニュージーランド国章
南十字星

クック諸島国章
星

キリバス国章
太陽

国章制定年ランキング

現在使われている各国国章の中で制定年が古いものを10位までランキングにしてみる。

第1位　米国国章　1782年制定

1782年と今から236年前に制定されており、現存の国章では最古のものになる。

国章は盾型紋章で盾は星なしの青地のチーフを配した白赤の13縦縞、サポーターは翼を広げた白頭鷲で平和を表す緑のオリーブの枝と戦闘を表す白い矢を足で掴んでいる。共に葉と弓の数は独立当時の州数を表す13、ラテン語 "E PLURIBUS UNUM"「多数から1つへ」という標語を黒字で記した白いリボンを口で咥えている。頭上に黄色い光線と白い輪の中の青い地に13州を表す13個の白い五角星を配したもの。

第2位　ペルー国章　1825年制定

国章は盾型紋章で第1クォーターは青地にビクーニャ、第2クォーターは白地に緑のキナの木、第3クォーターは赤地に黄色い金貨が溢れる豊穣の角、クレストに樫の枝のリース、盾の背後に交差した4本の国旗を配したもの。

第3位　チリ国章　1834年制定

チリ国章は青赤横2分割の盾型紋章で中央にアンデス山脈の雪を表す白い五角星、クレストはチリ海軍の太平洋での勝利を表す青、白、赤のダチョウの羽冠、白いねじり布のリース、サポーターは冠を被ったコンドルとチリ鹿、底部にスペイン語 "POR LA RAZON O LA FUERZA"「道理さもなくは力により」という標語を黒字で記した白いリボンを配したもの。

上位1位から3位まではすべて欧州列強から早期に独立したアメリカ大陸に属する国々で国章デザインも変えていないことがわかる。

第4位　ベルギー国章　1837年制定

ようやくヨーロッパの国が登場する。

国章は黒い盾型紋章で赤い舌を出し立ち上がるブラバントの黄ライオン、クレストに王冠を載せた兜、盾の背後に交差した先端に正義の手を付けた杖と先端にライオンを付けた王笏、サポーターは2頭の国旗を持つライオン、盾の背後に王冠を載せた赤い位階服、その後に当時のベルギーを構成するアントウェルペン、西フランデルン、東フランデルン、リエージュ、ブラバント、エノー、リンブルフ、ナミュール、リュクサンブールの9州の旗、盾の周りにレオポルド勲章、底部にフランス語乃至オランダ語で「団結は力なり」という標語を黄字で記した赤いリボンを配したもの。

第5位　リベリア国章　1847年制定

リベリアはアフリカではエチオピアに次いで1847年建国の古い独立国である。

リベリア国章は盾型紋章で海に浮かぶ解放奴隷を米国から乗せて来た白い帆船、アメリカ植民協会からの放棄宣言書を咥えた平和の白鳩、国家の誕生を表す日の出、海岸には繁栄を表す緑のヤシの木、繁栄をもたらす労働者と労働への尊厳を表す鋤、シャベル、英語"THE LOVE OF LIBERTY BROUGHT US HERE"「自由への熱愛が我らをここに導いた」という標語を黒字で記した白いリボンを上部に英語国名を底部に配したもの。

第6位　モナコ国章　1858年制定

モナコ国章は盾型紋章でグリマルディ家の赤白の菱形紋章、サポーターは剣を振り上げる2人のフランシスコ会修道士、盾の背後に公爵冠を載せた赤い位階服、盾の周りに聖シャルル勲章、底部にラテン語"DEO JUVANTE"「神のご加護と共にあらん」という標語を黒字で記した白いリボンを配したもの（137頁も参照）。

第7位　ハイチ国章　1859年制定

国章は中央に自由を表す赤いフリギア帽を載せた緑のヤシの木、背後に6丁の剣付銃、交差した6本の国旗、緑の草地に2門の大砲、2本の斧、2本のトランペット、2本の錨、鎖、太鼓、砲丸、2本の赤旗、フランス語 "L'UNION FAIT LA FORCE"「団結は力なり」という標語を黒字で記した白いリボンを配したもの。

第8位　トンガ国章　1875年制定

オセアニア諸国で最古の国章がトンガ王国。トンガ国章は盾型紋章で第1クォーターは黄地に主要3群島であるトンガタプ島、ハアパイ諸島、ヴァヴァウ諸島を表す3個の白い六角星、第2クォーターは赤地に王国を表す王冠、第3クォーターは青地に平和、統一、キリスト教を表すオリーブの枝を咥えた白鳩、第4クォーターは黄地に歴史的なトンガ、タカラウア、カノクポルの三王家とその血を引く現トゥポウ王家の歴史を表す白い3本の剣、中央にある六角星の中に国民を表す赤十字、盾の背後に二本の国旗、クレストは王冠と司法権威を示す月桂樹のリース、底部にトンガ語で "KOE 'OTUA MO TONGA KOHOKU TOFI'A"「神とトンガは私の遺産」という標語を記したリボンを配したもの。

第 9 位　スイス国章　1889 年制定　　　　第 10 位　ドミニカ共和国国章
　　　　　　　　　　　　　　　　　　　　　　　　1889 年制定

（137 頁参照）

（121 頁参照）

　国章制定年ランキングは上位 10 位のうち半数が北米南米諸国、3 ヵ国がヨーロッパ諸国、アフリカ・オセアニア諸国がそれぞれ 1 ヵ国で、アジア諸国には 19 世紀に制定された古い国章はないことが分かる。

アジア諸国の国章

［1］ 中国

1636年清国が成立する。

1840年アヘン戦争で英国に敗れる。

1862年清国が国章を制定する。国章は国王の権威を表す5本爪を持った龍（A）。

1913年中華民国が成立し、国章を制定する。中国皇帝の礼服に付けられる伝統文様である12章から龍、キジ、太陽、水草、火、斧、祭祀礼器、明晰を表す赤い亞形などを配したもの（B）。

1928年国章が変更される。国章は中国国民党・党章に由来する青地に12本の光を持つ白い太陽の晴天白日章で12本の光は12か月、12支、12刻を意味し、終わりなき進歩を示す（C）。

(A)

1862-1913年清国国章

(B) 1913-1928年中華民国国章

皇帝礼服に使う12章文様

青天白日章

(C)

1928-1949年中華民国国章

1931年江西省瑞金に毛沢東による中華ソビエト共和国が成立し、国章を制定する。国章は中央に白い地球、黄色い星、黒い鎌とハンマー、黄色い小麦穂と稲穂のリースを配したもの。外の帯に2個の黄色い星、中国語で国名と「万国の労働者よ、団結せよ」の標語（D）。

1932年新京を首都に満州国が成立、国章を制定する。満州国国章は黄色いフジバカマの花弁（E）。

1949年国民党が共産党によって台湾に追われ、中華人民共和国が成立する。

1950年国章が制定される。国章は中央に黄色い天安門、その上に国旗意匠の大小5個の五角星、工業を表す歯車と農業を表す麦穂、共産主義を表す赤い布を配したもの。大きな五角星は中国共産党、4個の小さな五角星は中国人民を表す（F）。

(D) 1931-1937年中華ソビエト共和国国章

(E) 1932-1945年満州国・帝国国章

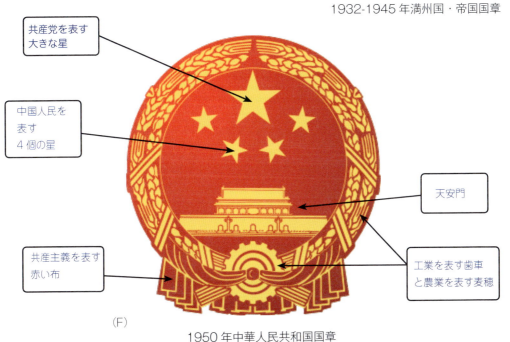

(F) 1950年中華人民共和国国章

[2] インド

1510年ゴアにポルトガル領インドが成立する。ポルトガル王国国章は上部に王冠、中に5個の青盾、周囲に7個の黄色い城を配した赤い盾型紋章（A）。

1858年ムガール帝国が滅亡、英領インドとなる（B）。

1877年英領インド帝国が成立、1885年に制定されたインド帝国国章は黄色い32光線を放つ陽光の中に英語"HEAVENS LIGHT OUR GUIDE"「天が我らの道しるべ」という標語を白字で記した青いリボン、中がダイヤモンドの白い五角星「インドの星」を配したもの（C）。

1947年マハトマ・ガンジー達の独立運動の結果、インドが英国から独立する。

1950年国章を制定する。国章中央の法輪チャクラは古代インド・アショカ王が建てた柱頭に由来する仏教のシンボルで24本の軸は1日24時間を表し、終わりなき人生と進歩を表す。チャクラの下にヒンドゥー語で「真の勝利」と記されている（D）。

（A）
1510年ポルトガル王国国章

（B）　ムガール帝国国旗　1526-1858年

（C）
1885-1943年英領インド帝国国章

1950年インド国章

[3] トルコ

1299年オスマン帝国が成立する。

1876年オスマン帝国国章が制定される。国章は緑の円形紋章で中に白い三日月、天幕の背後に武器とターバンを配したもの（A）。

1882年オスマン帝国国章を変更する。国章は盾型紋章で中央に黄色い光線を放つ太陽、赤い帯に16個の五角星と2個の三日月、背後に交差した赤いスルタン旗と緑のカリフ旗、交差した7本の槍、サーベル、銃、大砲、花束、秤、2冊の本、上部に緑の円盤にスルタンの飾り署名トゥグラ、その下にシャハーダを記した緑の三日月、底部にカフカト勲章、オスマン勲章、イムティヤズ勲章、メシディエ勲章、名誉勲章の5種類の勲章を配したもの（B）。

1922年第1次世界大戦に敗れ、オスマン帝国が滅亡する。

1923年トルコ共和国が成立、準国章が採用される。準国章は赤い楕円形紋章で中にイスラムを表す白い三日月と五角星、周囲にトルコ語国名を配したもの（C）。

(A)
1876-1882年オスマン帝国国章

(B)
1882-1992年オスマン帝国国章

(C)
1923年トルコ共和国準国章

[4] サウジアラビア

1929年制定のヒジャーズ・ネジド王国国章は円形印章型紋章で上部に国王のトゥグラ、底部に王国のシンボルであるヤシの木と2本の剣、中央に「ヒジャーズ、ネジド及びその周辺の王」の文字を配したもの（A）。

1920年制定のヒジャーズ王国国章は緑の盾型紋章で中に交差した柄が黄色い2本の三日月刀、赤い房の付いた2本の槍、黒と黄の指揮棒、クレストに貴族の被り物と赤と黄のベルト、サポーターは白いリボンで結ばれた2本のヤシの木、背後に内側がテン模様の赤い位階服、上部に2個のドームを持つ黄色いアカバ城塞冠、交差した2本の国旗を配したもの（B）。

1932年に国名を改称しサウジアラビア王国が成立する。国章はヒジャーズ王国とネジド王国を表す2本の交差した剣、生命力と成長を表すヤシの木を配したもの（C）。

1929-1932年ヒジャーズ・ネジド王国国章

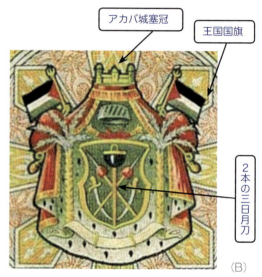

1920-1927年ヒジャーズ王国国章

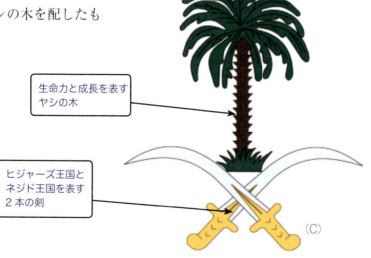

1932年サウジアラビア国章

[5] 韓国

1897年大韓帝国が成立、国章が制定される。国章は胸に赤青の太極と白い円に入った黒い八卦、広げた翼の内側に8個の赤青の太極、右足で剣、左足で青い地球儀を掴む茶色の不死鳥を配したもの（A）。

1910年日韓併合、朝鮮総督府が設置される。朝鮮総督府章は青い円形印章型紋章で中に白い五七の桐花と総督府名を漢字・英語で配したもの（B）。

1948年大韓民国が成立する。

1963年国章を制定する。国章は中心に赤青の太極を入れた国花のムクゲ、周囲に国名を朝鮮語白字で記した青白のリボンを配したもの（C）。

(A)
1897-1910年大韓帝国国章

(B)
1910年朝鮮総督府紋章

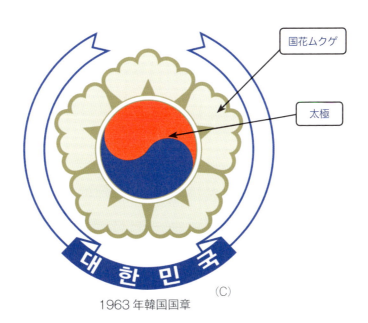

(C)
1963年韓国国章

[6] ネパール

1769年ネパール王国が成立する。

1935年国章を制定する。国章はヒマラヤ山脈を背景にシバ神の化身パシュパチ守護神を描いた盾型紋章でクレストにネパール王冠、尊師ゴラクナの足跡、「輝かしいネパール政府」と記された白いリボン、白い三日月と太陽の間に交差したグルカ・ナイフ、盾の周囲に「母と母国は天国に勝る」のネパール語標語と「祖国のために死ぬことは名誉なること」というラテン語標語 DULCE ET DECORUM EST PRO PATRIA MORI の白いリボン、サポーターは草地に立ち銃を持った赤い制服の護衛兵と弓矢を持った白衣の現地人、底部に「たとえ金で出来ていても天国　や弟のもとには戻らない。母と母国は天国に勝る」と記した白いリボンと国王のモノグラムを配したもの（A）。

1962年国章が変更される。国章はガンダック川を中心に右岸に岩の上にいるネパールの国鳥であるニジキジ、弓矢を持ったネパール兵、左岸は緑の草地にいる白い牛、黄色い寺院と大きな木、ライフル銃を持った猟師、後方に雪を抱いたヒマラヤ山脈、白い顔付きの太陽と月の間に交差した国旗とグルカ・ナイフ、尊師ゴラクナの足跡と王冠、底部に国花の赤いシャクナゲのリースが2つ、サンスクリット語で「母と母国は天国に勝る」

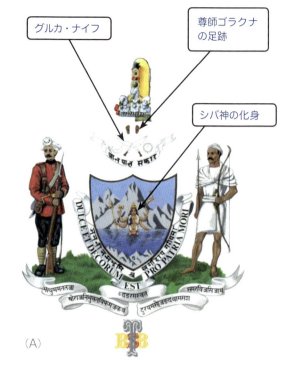

(A)

1935年ネパール王国国章

(B)

1962年ネパール王国国章

という標語を黒字で記した赤いリボンを配したもの（B）。

　2008年王制が廃止され、連邦民主共和国に移行され国章が変更される。国章は国花である赤いシャクナゲの花のリースで囲んだ円形紋章で上部に国旗、中央にエベレスト山、丘と白いネパール地図、男女同権を示す男女の握手、底部にサンスクリット語で「母と母国は天国に勝る」という標語を白字で記した赤いリボンを配したもの（C）。

2008年ネパール連邦
民主共和国国章

北米・南米諸国の国章

［1］ 米国

1686年英国は北米東部にニューイングランド植民地を建設する。

1776年東部13州が英国からの独立を宣言する。

1782年米国国章を制定する。国章は盾型紋章で盾は星なしの青地のチーフを配した白赤の13縦縞、サポーターは翼を広げた白頭鷲で平和を表す緑のオリーブの枝と戦闘を表す白い矢を足で掴んでいる。共に葉と弓の数は独立当時の州数を表す13、ラテン語 "E PLURIBUS UNUM"「多数から1つへ」という標語を黒字で記した白いリボンを口で咥えている。頭上に黄色い光線と白い輪の中の青い地に13州を表す13個の白い五角星を配したもの（A）。

1782年アメリカ合衆国国章

1861年南北戦争が勃発する。

1862年南部13州はアメリカ連合国を樹立、国章を制定する。国章は中央に馬上の米国初代大統領で奴隷農園主であったジョージ・ワシントン。周囲に南部プランテーションの作物である小麦、トウモロコシ、タバコ、綿花、米、サトウキビのリース。帯にはアメリカ連合国政府成立の1862年2月22日。国名とラテン語標語「神の加護の下に」を配したもの（B）。

1862年アメリカ連合国国章

[2] カナダ

1763年英仏植民地争奪戦の結果、英国の支配権が確立する。1868年カナダ自治領紋章が制定される。カナダ自治領紋章は白地に赤い聖ジョージ十字と緑地に黄色いサトウカエデのオンタリオ州紋章、黄地に2本の青いユリ、赤地に黄ライオンと黄地に緑のサトウカエデのケベック州紋章、黄地に3本のスコットランド国花のアザミと青い波線に鮭のノバスコシア州紋章、赤地に黄ライオンと黄地に海に浮かぶ帆船のニューブランズウイック州紋章を配したもの（A）。

1922年国章が変更される。国章は盾型紋章で第1クォーターは赤地に3頭の黄ライオンでイングランドを表す、第2クォーターは黄地に赤い8本のユリとボーダーを付けた赤いライオンでスコットランドを表す、第3クォーターは青地に黄竪琴でアイルランドを表す、第4クォーターは青地に3本の黄ユリでフランスを表す、盾の底部は白地にカナダのシンボル緑のサトウカエデ、クレストは金色の兜、赤と白のねじり布のリース、王冠を被り手に赤いサトウカエデを持つ黄色いライオン、その上にも王冠、サポーターは英国国旗を持つライオンとユリを描いた青旗のフランス・ブルボン朝国旗を持つユニコーン、台座はイングランド・ウェールズのチューダーローズ、スコットランドのアザミ、アイルラ

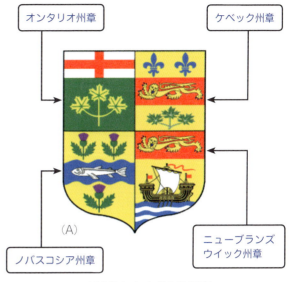

1868年カナダ自治領章

1922年カナダ自治領章

ンドのシャムロック、フランスのユリのリース、ラテン語 "A MARI USQUE AD MARE"「海から海へ」という標語を黄字で記した青いリボンを配したもの（B）。

1957年国章が変更される。カナダを表す白地のサトウカエデの色が緑から赤に替わった（C）。

1994年国章が変更される。国章の盾の周りに赤いカナダ勲章のリボンが加えられた。勲章にはラテン語 "DESIDERANTES MELIOREM PATRIAM"「より良い国を願う」という標語が黄字で記されているもの（D）。

(C)
赤のカエデ
1957年カナダ国章

加えられたカナダ勲章
(D)
1994年カナダ国章

[3] メキシコ

1521年アステカ王国が滅亡し、スペイン植民地が成立する。ヌエバ・エスパーニャ副王領となる。副王領紋章は盾形紋章で第1、第4クォーターはカスティリャ王国の赤地に黄色い城、第2、第3クォーターはレオン王国の白地赤ライオン、中心にフランス・ブルボン家の黄色いユリを配した青い盾、クレストに王冠、周囲に金羊毛騎士団勲章を付けたもの（A）。

1821年スペインより独立、メキシコ帝国が成立する。国章を制定する。国章は中央に皇帝冠を被り湖の中央の岩に生えるサボテンの上で蛇を掴む鷲を配し、首都創設のアステカ神話を伝える。盾の中の正面向きの鷲も帝国のシンボルである皇帝冠を被っていて、クレストは兜、皇帝冠、緑、白、赤のねじり布のリース、スペイン語 "INDEPENDENCIA RELIGION UNION"「独立、信仰、団結」という標語を黄字で記した赤白緑国旗カラーのリボン、底部にグアドループ勲章、皇帝冠を載せた赤い位階服を配したもの（B）。

1823年連邦共和制に移行、国章が変更される。これまでの国章の鷲から皇帝冠が取り除かれ、樫の枝と月桂樹の枝のリースを配したもの（C）。

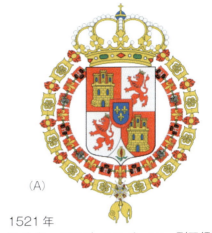

(A)
1521年
スペイン・ヌエバ・エスパーニャ・副王領紋章

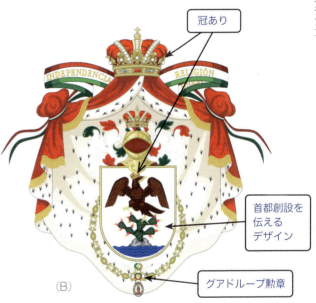

冠あり
首都創設を伝えるデザイン
グアドループ勲章

(B)
1821年メキシコ帝国国章

冠なし

(C)
1823年メキシコ合衆国国章

国章編

北米・南米諸国の国章 [3] メキシコ

　1864年マクシミリアン1世の下、再び帝国となる。国章が変更される。新しい国章は盾型紋章で鷲は皇帝冠を被らず、クレストに皇帝冠を載せた。サポーターに2頭の上半身が鷲、下半身がライオンの想像上の動物グリフィン、背後に交差した剣と笏、底部にメキシコ鷲勲章を配したもの。国章のリボンに記された標語はスペイン語 "EQUIDAD EN LA JUSTICIA"「法の下に平等」と記されたもの（D）。

(D) 1864年メキシコ帝国国章

　1867年再び共和制となる。
　1968年国章を変更する。湖の上の岩山のサボテンに乗り、蛇を食う鷲、周囲に勝利を表す月桂樹と力を表す樫の葉のリースを配したもの（E）。

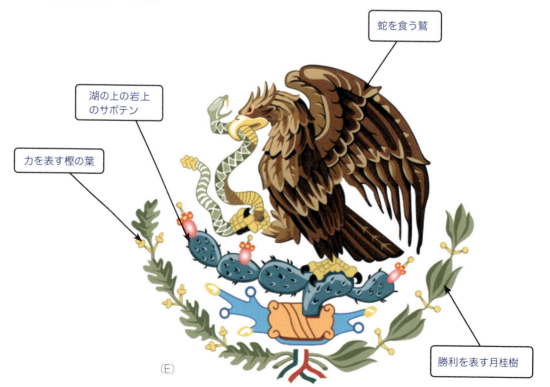

(E) 1968年メキシコ合衆国国章

[4] アルゼンチン

1814年スペインからの独立戦争が拡大する。

1816年国章を制定する。国章は青空と銀・ラプラタ川を表す青と白に染め分けた盾型紋章で中央に自由を表す棒に付いた赤いフリギア帽、友愛と団結を表す握手する2本の腕、盾の背後に自治宣言を行った1810年5月25日ブエノスアイレスの空に現れた「5月の太陽」、周囲に赤いリボンで結んだ勝利を表す月桂樹の枝のリースを配したもの（A）。

1852年国章が変更される。新しい国章は盾型紋章で中央に棒に付いた赤いフリギア帽、握手する2本の腕、盾の上に「5月の太陽」、周囲に青いリボンで結んだ月桂樹の枝のリース、14本の交差した国旗、底部に2門の大砲を配したもの（B）。

1944年国章が変更される。月桂樹の枝のリースを結ぶリボンと楕円形盾の上半分地色を国旗カラーに替えたもの（C）。

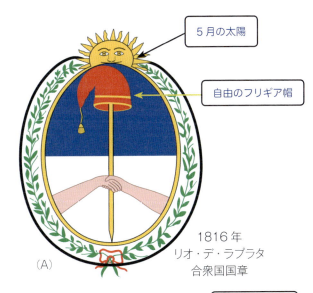

(A) 1816年 リオ・デ・ラプラタ合衆国国章

(B) 1852年アルゼンチン共和国国章

(C) 1944年アルゼンチン共和国国章

［5］ ブラジル

1549年サルバドルにポルトガル総督府を設置する。

ポルトガル国章は5個の青い盾と11個の黄色い城、クレストに王冠を配した赤いボーダー付きの白い盾型紋章。青い盾の中には5個のコイン、黄色い城はレコンキスタで打ち破ったムーア人の城を配したもの（A）。

(A)
1549年ポルトガル国章

1815年域章が制定される。域章は5個の青い盾と7個の黄色い城、クレストに王冠を配した赤いボーダー付きの白い盾、背後に青地に黄色い天球儀を配したもの（B）。

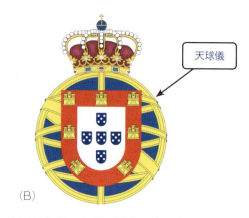

(B)
1815年ポルトガル領ブラジル域章

1822年ポルトガルよりブラジル帝国として独立、国章を制定する。国章は緑の盾型紋章で黄色い斜帯を入れた天球儀、背後に赤い修道会十字、周囲の青い輪に州数を表す19個の白い五角星、クレストに皇帝冠、周囲に赤いリボンで結んだコーヒーの枝とタバコの枝のリースを配したもの（C）。

(C)
1822年ブラジル帝国国章

1889年共和制に移行しブラジル合衆国となり、国章が制定される。国章は青い円形紋章で中心に白い5個の南十字星、周囲に20個の白い五角星、背後に光線を放つ緑黄の五角星、周囲に青いリボンで結ばれたコーヒーの枝のリースとタバコの枝のリース、底部に黄色い五角星を付けた赤い四角い柄を持つ剣、ポルトガル語国名「ブラジル合衆国」と共和制移行日である1889年11月15日と黄字で記した青いリボンを配したもの（D）。

1889年ブラジル合衆国国章

1992年国章が変更される。州数の増加と共に星数を27個に増やした（E）。

1992年ブラジル連邦共和国国章

[6] パラグアイ

1811年スペインから独立する。

1826年国章を制定する。国章は水色円形紋章で中央に白い六角星、周囲にヤシの葉とオリーブのリース、スペイン語国名を黒字で配したもの（A）。

スペイン国章　　　　1826年パラグアイ国章

1842年国章が変更される。国旗カラー輪郭線を持つ白い円形紋章で中央に光線を放つ黄色い五角星、国旗カラーのリボンで結んだヤシの葉とオリーブのリース、周囲にスペイン語国名を黒字で配したもの（B）。国旗裏は国庫印章で同じく国旗カラー輪郭線を持つ白い円形紋章で中に棒に付いた自由を表す赤いフリギア帽とフライ向きに座るライオン、スペイン語国名と"PAZ Y JUSTICIA"「平和と正義」という標語を黒字で配したもの（C）。五角星は「5月の星」と呼ばれ1811年5月10日の独立日の夜空に出現した星を示す。

1842年パラグアイ国章と国庫印章

1990年国章・国庫印章が変更される。国章から国旗カラーが取られ、青い円に黄色い五角星、回りにヤシの枝とオリーブの枝のリース、赤い輪に黄字国名を入れた円形印章型紋章。国庫印章はホイストを向いて座る黄色いライオン、自由の赤い帽子、黄字「平和と正義」のスペイン語標語を記した赤いリボンを配した円形印章（D）（E）。

1990年パラグアイ国章と国庫印章

2013年国章・国庫印章が変更される。国章は白い円形紋章で中央に黄色い五角星、周囲にヤシの葉とオリーブのリース、スペイン語国名を黒字で配した従来国章を簡素化したもの（F）。国旗裏の国庫印章は白い円形紋章で赤いフリギア帽とフライ向きに座るライオン、スペイン語標語「平和と正義」を黒字で配した従来の国庫証印を簡素化したもの（G）。

2013年パラグアイ国章と国庫印章

オセアニア諸国の国章

[1] オーストラリア

1901年六つの植民地を統合し、オーストラリア連邦を結成する。

1908年連邦国章を制定する。国章は中央に南十字星を示す白い5個の六角星を付けた赤い聖ジョージ十字を置いた盾と周りの青帯に6つの植民地を示す赤い幅の狭い山形帯（紋章学でいうカップル・クローズ）を持つ6個の白い小さなポーランド型盾、クレストに金色七角星の連邦の星、青と白のねじり布のリース、サポーターに前進しかしないオーストラリア固有動物であるカンガルーとエミュー、底部に英語で "ADVANCE AUSTRALIA"「前進せよ。オーストラリア」の標語リボンを配したもの（A）。

この国章は聖ジョージ十字を使った当時のニュー・サウス・ウェールズ植民地紋章の影響を強く受けていた。図（B）は1897年のニュー・サウス・ウェールズ植民地紋章で青い盾型紋章。中心にライオン、周囲に4個の八角星を付けた赤い十字＝聖ジョージ十字を配したもの。

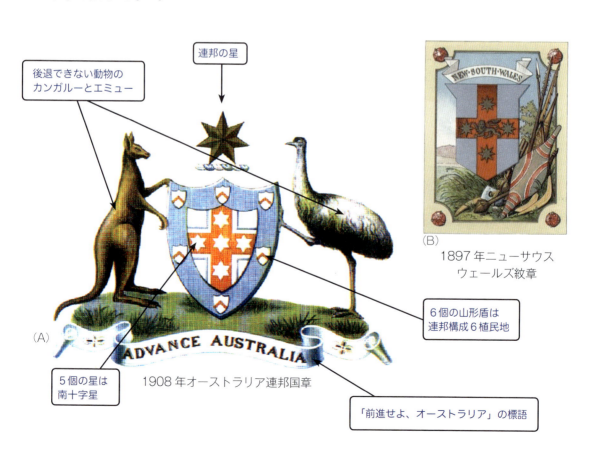

(A) 1908年オーストラリア連邦国章

(B) 1897年ニューサウスウェールズ紋章

1912年国章が変更される。新しい国章はイングランド色を薄め、連邦色を多く表現するために盾の中に6植民地のシンボル、周りの白帯に14個の紋章学でいうアーミン（テンの毛皮模様）、底部に英語で国名、背後に国花のワトル、クレストに連邦を表す黄色の七角星、青と黄色の布のリースを配したもの。6植民地のシンボルはニュー・サウス・ウェールズが白地に赤十字に4個の八角星とイングランド・ライオン、ビクトリアが青地に王冠と南十字星、クイーンズランドが白地に青いマルタ十字と王冠、南オーストラリアが黄地に翼を広げたモズ、西オーストラリアが黄地に黒鳥、タスマニアが白地に前足を上げた赤いライオンがシンボル（C）。

(C)
1912年オーストラリア連邦国章

楯型紋章　6植民地のシンボル

①ニューサウスウェールズ州の聖ジョージ十字
②ビクトリア州の南十字星
③クイーンズランド州のマルタ十字

④南オーストラリア州のモズ
⑤西オーストラリア州の黒鳥
⑥タスマニアの赤ライオン

［2］ ニュージーランド

1911年国章が制定される。国章は盾型紋章で盾は赤と青で4分割し、中央に交易を表す3隻のガレー船を描いた白い縦帯を持つ。第1クォーターは青地の赤い4個の星で国旗にもある南十字星、第2クォーターは赤地に黄色い羊で畜産、第3クォーターは赤地に黄色い麦束で農業、第4クォーターは青地に黄色い交差したハンマーで工業を表す。クレストに英国国旗を持つライオン、青と白の布のリース、底部に英語で "ONWARD"「前へ」の標語がある。サポーターは国旗を持つ白人女性とタイアハと呼ばれる儀式用槍を持つ先住民マオリ男性で共に正面を向いている（A）。

1956年国章が変更される。新しい国章のクレストはライオンの替りに王冠、底部はシダの上に標語が英語の "NEW ZEALAND" にまた、サポーターの男女が向き合う形に変更された（B）。

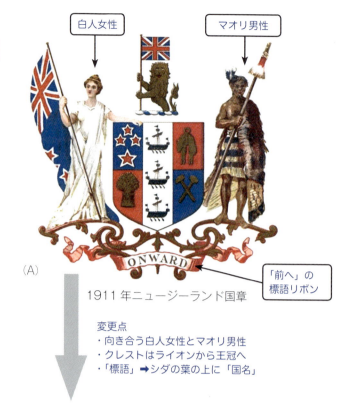

(A) 1911年ニュージーランド国章

変更点
・向き合う白人女性とマオリ男性
・クレストはライオンから王冠へ
・「標語」➡シダの葉の上に「国名」

(B) 1956年ニュージーランド国章

①南十字星
②交易を表すガレー船
③畜産を表す羊
④農業を表す麦束
⑤工業を表すハンマー

アフリカ諸国の国章

[1] エジプト

　1805年ムハンマド・アリー朝が成立する。1867年国章を制定する。国章はクレストに王冠の付いた中央に白い三日月と3個の五角星を配した赤い盾型紋章を使用。3個の星はアジア、アフリカ、ヨーロッパでの戦に勝利する願望を表す（A）。

　1881年英国の保護領となる。域章が制定される。域章は王冠が付いた赤い盾型紋章で、中にエジプト、ヌビア、スーダンに対する主権を表す3個の三日月と3個の星を配したもの（B）。

　1922年エジプト王国として英国から独立、国章を制定する。国章は円形紋章で青地に白い上向きの三日月と3個の五角星を描き上部に王冠、底部にムハンマド・アリー勲章、背後に王冠を載せた赤い位階服を配したもの。3個の星はエジプト、スーダン、ヌビアに対する主権またエジプトに住むイスラム教徒、キリスト教徒、ユダヤ教徒を表す（C）。

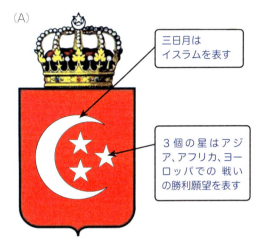

1867年エジプト国章

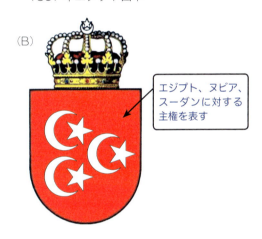

1881年エジプト域章

1922年エジプト王国国章

国章編

アフリカ諸国の国章 ［1］ エジプト

　1958年エジプトはシリアとアラブ連合を結成、国章を制定する。国章は胸に国旗意匠の盾を抱きアラビア語の国名「アラブ連合」を記した銘板を掴む黄色と黒で描かれたサラディンの鷲。2個の緑の星はエジプトとシリアを表す。赤は革命、白は平和、黒は過去の圧政を表す（D）。

(D) 1958年アラブ連合国章
- 12世紀イスラム英雄サラディンの鷲
- エジプトとシリアを表す緑の星

　1972年新たにシリア、リビアとアラブ共和国連邦を結成、国章を制定する。国章は2個の緑の五角星の替りに金色の盾を胸に抱くムハンマドの出身部族であるクライッシュ族の象徴である金色の鷹の紋章を配した国章。国章の鷹が掴む白いリボンにはアラビア語で「アラブ共和国連邦」その下には「エジプト・アラブ共和国」と記された（E）。

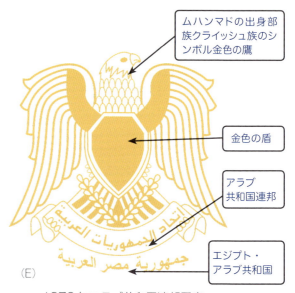

(E) 1972年アラブ共和国連邦国章
- ムハンマドの出身部族クライッシュ族のシンボル金色の鷹
- 金色の盾
- アラブ共和国連邦
- エジプト・アラブ共和国

　1977年アラブ共和国連邦が解体される。1984年エジプト・アラブ共和国国章が制定される。国旗カラーの盾を胸に抱き、国名銘板を掴むイスラムの英雄サラディンの金色の鷲を配したもの。国章の金色の鷲が胸に抱く国旗意匠の盾は国旗と異なり、赤白黒に染め分けられている。赤は王制時代、白は1952年の無血革命、黒は英国植民地時代を表す（F）。

(F) 1984年エジプト・アラブ共和国国章
- サラディンの鷲が復活
- 国旗カラーの盾

[2] リビア

1923年ムッソリーニ率いるイタリアが侵攻し、植民地となる。

1940年イタリア領リビア域章が制定される。域章は盾型紋章でチーフに暗赤色地に緑の月桂樹枝のリースとイタリア・ファシスト党シンボルである束桿斧、下部はトリポリタニアを表す黄地に夜空に現れる白い五角星、緑のヤシの木、キレナイカを表す赤地に白い五角星と黄色いシルフィウムを配したもの（A）。

1951年イタリアからリビア連合王国として独立、国章を制定する。国章は黄色い縁飾りを付けた暗赤色の盾型紋章で中に黄色い三日月と五角星を先端に付けた王冠、9個の白い五角星、黄色の輪郭線を付けた黒い円に白い三日月と五角星、クレストにも同じ王冠を配したもの（B）。

1969年カダフィ率いる軍部クーデターで王制廃止、共和国となり国章が変更される。国章は胸に国旗意匠の盾を抱いた黄色いサラディンの鷲でかつてのアラブ連合国章と同じ意匠。底部にアラビア語の国名が黒字で記された黄色い銘板を鷲が掴んでいる。赤は革命、白は明るい未来、黒は抑圧されていた時代を表す（C）。

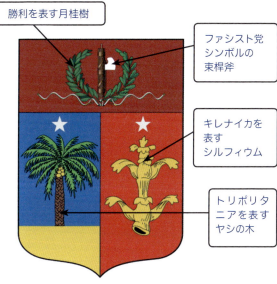

（A）　1940年イタリア領リビア域章

1951年リビア連合王国国章

1969年リビア・アラブ共和国国章

1972年エジプト、シリアとアラブ共和国連邦を結成、国章を制定する。国章の説明はエジプトの項参照（D）。

1977年連邦を解消し、リビア国章を変更する。国章はカダフィの理想とする「緑の革命」を表す。胸に緑の国旗意匠の盾を抱き、底部にアラビア語でアラブ共和国連邦と白字で記した金色のリボンを掴む金色の鷹。鷹の向きがホイスト向きに替わった。エジプトが個別にイスラエルと停戦協定を締結するという予想外の出来事で連邦は解体した。激怒したカダフィは一夜にして国旗・国章を変えたと伝えられる。カダフィは国章に新しい国名を入れずに、アラブ統一を目指すアラブ共和国連邦という夢を残した（E）。

2011年カダフィ独裁体制が崩壊し、国民評議会が政権を奪取した。

2015年三日月と五角星の新しい仮国章を採用する（F）。

（D）
1972年アラブ共和国連邦国章

ムハンマドの出身部族クライッシュ族のシンボル金色の鷹（上図と向きが違う）。
（E）
アラブ共和国連邦
1977年社会主義リビア・アラブ国国章

（F）
2015年リビア・パスポート用仮国章

[3] 南アフリカ共和国

1854年オランダ系オレンジ自由国建国、国章制定される。国章は白い盾型紋章で3個の角笛、白い円の中に3頭の羊と1頭のライオンが支えるオレンジの木、幌馬車、オランダ語で上部に"VRYHEID"「自由」、下部に"IMMIGRATIE"「移民」と黒字で記し、木の根元に"GEDULD EN MOED"「忍耐と勇気」という標語が黒字で記された白いリボン、盾の背後に2本の交差した国旗を配したもの(A)。

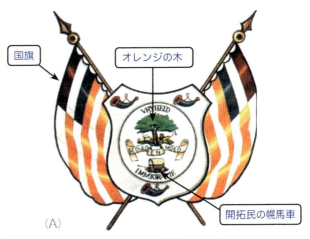

(A) 1854年オレンジ自由国国章

1857年オランダ系トランスヴァール共和国建国、国章が制定される。国章は黄色い帯を付けた盾型紋章で第1クォーターは赤地に黄色いライオン、第2クォーターは青地に白い服を着て銃を持った男、第3クォーターは緑地に白い幌馬車、盾の中央に黒い錨を入れた白い盾、クレストは茶色の翼を広げた鷲、底部にオランダ語"EENDRAGT MAAKT MAGT"「団結は力なり」という標語を黒字で記した白いリボン、盾の背後に交差した6本の国旗を配したもの(B)。

(B) 1857年トランスヴァール共和国国章

1876年英領ケープ植民地域章が制定される。域章は赤い盾型紋章で英国とオランダを表す金色のライオンとケープ植民地創始者であるオランダ人ヤン・ファン・ルーベックの紋章から3個の金色の輪、クレストは喜望峰を表す岩に腕をか

(C) 1876年英領ケープ植民地域章

け港を表す錨を手にする女性、サポーターはヌーとオリックスを配したもの。底部にラテン語 "SPES BONA"「喜望」という標語を黒字で記した白いリボンを配したもの (C)。

1907年英領オレンジ・リバー植民地が域章を制定する。域章は白い盾型紋章で草地に立つトビカモシカとチーフは青地に王冠を配したもの (D)。

1910年4つの植民地が統合し、南アフリカ連邦が成立し、国章が制定される。国章は盾型紋章で第1クォーターはケープ植民地を表す赤地に白い岩に腕をかけ右手に錨を持つ女性、第2クォーターはナタール植民地を表す黄地に走る2頭の茶色いヌー、第3クォーターはオレンジ・リバー植民地を表す黄地に実を付けたオレンジの木、第4クォーターはトランスヴァール植民地を表す緑地に白い幌馬車、盾中央に国を貫通するオレンジ川を表す波線、クレストに赤と白のねじり布のリースの上で4地区を表す束ねた4本の杖を持つ赤いライオン、底部にラテン語 "EX UNITATE VIRES"「団結は力なり」という標語を黒字で記した白いリボン、サポーターにトビカモシカとオリックス、周囲にオジギソウの枝のリースを配したもの (E)。

(D) 1907年英領オレンジ・リバー域章

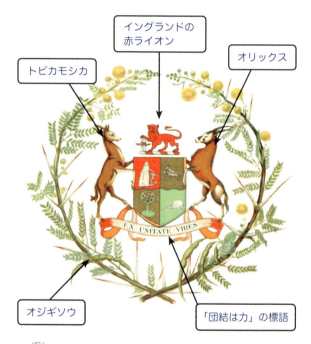

(E) 1910年南アフリカ連邦国章

①ケープの錨を持つ女性
②ナタールのヌー
③オレンジ・リバーのオレンジの木
④トランスヴァールの幌馬車

1932年国章が変更される。オジギソウの枝リースが取り除かれた代わりにクレストに兜、兜飾り、盾の底部に緑の台座が加えられた（F）。

1994年マンデラ黒人政権が成立する。

2000年新しい国章が制定される。ベージュの盾型紋章で太鼓の形をしており、中にコイサン岩絵に見られる手を取り向き合う人物、クレストに国の防衛と権威を表す交差した槍と投げ棒、緑の国花プロテア、翼を広げたヘビクイワシ、知識、判断力、再生を表す日の出、周囲に成長を表す小麦穂のリース、底部に知恵と国力を示す4本の象牙、コイサン語"KE E XARRA KE"「皆で団結」という標語を白字で記した緑のリボンを配したもの（G）。

(F)

「団結は力」の標語

1932年南アフリカ連邦国章

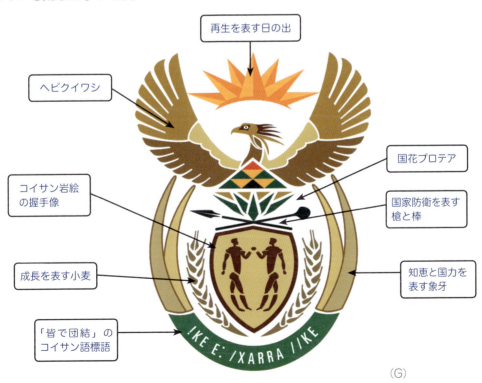

再生を表す日の出
ヘビクイワシ
コイサン岩絵の握手像
成長を表す小麦
「皆で団結」のコイサン語標語
国花プロテア
国家防衛を表す槍と棒
知恵と国力を表す象牙

(G)

2000年南アフリカ共和国国章

ヨーロッパ諸国の国章

[1] 英国

1399年イングランド王国国章が制定される。盾形紋章で第1、第4クォーターはフランス・ブルボン家を表す青地黄色ユリ3花弁、第2、第3クォーターはイングランドを表す赤地3頭の黄色いライオン、クレストに王冠、周囲に盾の周りにフランス語 "HONI SOIT QUI MAL Y PENSE"「悪意を抱く者に災いあれ」という標語を黄字で記した1348年エドワード3世により創始された青いガーター勲章を配したもの (A)。

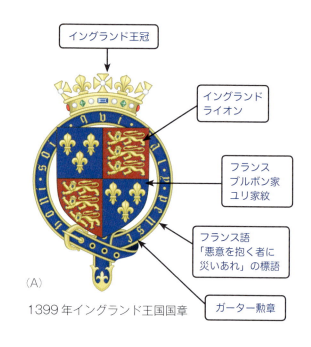

(A)
1399年イングランド王国国章

1653年王制を廃止、クロムウエルによる共和制となり、イングランド共和国国章が制定される。国章は4分割盾型紋章で第1、第4クォーターはイングランド旗、第2クォーターはスコットランド旗、第3クォーターはアイルランド青旗、中央にクロムウエル家紋章の立ち上がったライオンを配した黒い盾。クレストに金色兜、黒白の兜飾り、王冠、その上に王冠を被ったライオン、サポーターは王冠を被ったライオンと翼を付けた赤い龍（ワイヴァーン）、底部にラテン語で "PAX QUAERITUR BELLO"「平和、問題、戦争」と黒字で記した白い標語リボンを配したもの (B)。

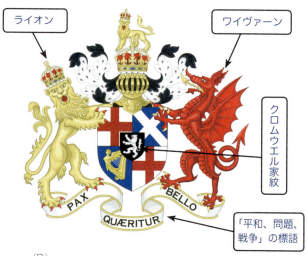

(B) 1653年イングランド共和国国章

1707年スコットランド王国を併合、グレートブリテン王国が成立する。スチュアート朝アン（1707-1714年）治世になり、国章が制定される。国章はイングランド王国とスコットランド王国の合体を表し、盾の第1、第4クォーターに赤い地に3頭の黄色いライオンのイングランド紋章と黄地立ち上がる赤いライオンのスコットランド紋章を組合せ、第2クォーターは青地に黄色ユリ三花弁のフランス・ブルボン朝紋章、第3クォーターは青地に黄色竪琴のアイルランド紋章を配したもの（C）。

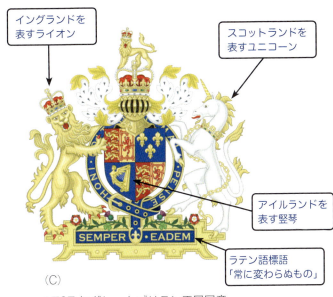

(C)
1707年グレートブリテン王国国章

1801年グレートブリテン及びアイルランド連合王国が成立し、国章が変更される。国章は革命により共和国になったフランスの旧ブルボン朝の紋章を取り除き第1、第4クォーターはイングランド紋章、第2クォーターはスコットランド紋章、第3クォーターはアイルランド紋章、中央に王冠を付けたハノーヴァー盾型紋章を配したもの（D）。

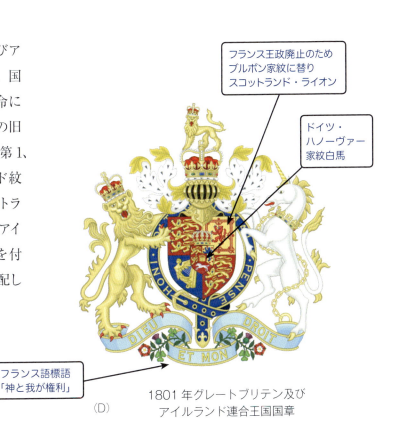

(D)
1801年グレートブリテン及びアイルランド連合王国国章

国章編

ヨーロッパ諸国の国章 ［1］ 英国

1952年英国国章が変更される。盾の中央にあったハノーヴァー家白馬の紋章が取り除かれ、4分割盾のアイルランド・ハープから天使像が取られた (E)。

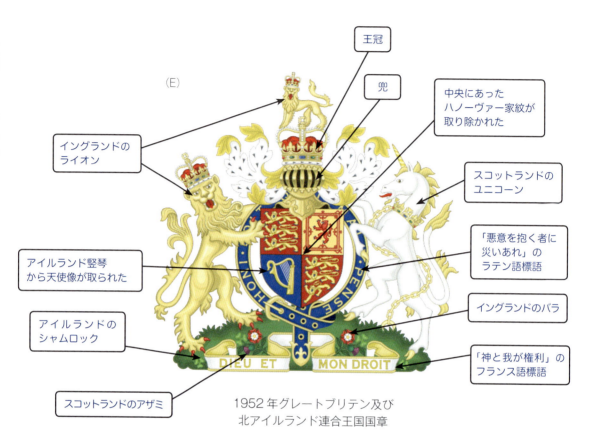

(E)

- 王冠
- 兜
- 中央にあったハノーヴァー家紋が取り除かれた
- イングランドのライオン
- スコットランドのユニコーン
- 「悪意を抱く者に災いあれ」のラテン語標語
- アイルランド竪琴から天使像が取られた
- アイルランドのシャムロック
- イングランドのバラ
- スコットランドのアザミ
- 「神と我が権利」のフランス語標語

1952年グレートブリテン及び北アイルランド連合王国国章

[2] オランダ

1579年ネーデルラント北部7州連合がスペインに対して独立運動を起こす。7州連合紋章は赤い盾型紋章で黄色い冠を被り向かって左手で7本の矢を掴み、右手で剣を振りかざし、青い舌を出し、青い爪を持った黄ライオン、クレストに冠、背後に交差した青赤8本の旗、武器、4門の大砲、砲丸、盾の周りにラテン語 "CONCORDIA RES PARVAE CRESCUNT"「調和を生み出す」という標語を赤字で記したグレーのリボンを配したもの（A）。

1581年オラニエ・ナッソウ公ウィレムを迎え、スペインから独立し、国章を制定する。国章は赤い盾型紋章で7州連合紋章をモデルに2頭の冠を被り正面を向く黄ライオン、底部に1579年国章と同じラテン語標語を黄字で記した赤いリボンを加えたもの（B）。

1665年国章が変更される。1581年制定の国章から盾の上の冠、2頭のライオン、赤い標語リボンを取り除いた盾型紋章（C）。

(A) 1579年北部7州連合紋章

(B) 1581年ネーデルラント連合共和国国章

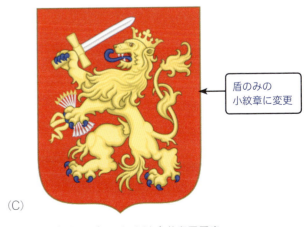

(C) 1665年ネーデルラント連合共和国国章

国章編

ヨーロッパ諸国の国章 [2] オランダ

　1795年フランス革命軍に占領され、バタヴィア共和国が成立し、国章が変更される。国章は緑の草地に腰掛け、右手で古代ローマ執政官のシンボルである束桿斧を描いた赤い盾を持ち、左手でそばに座ったライオンに支えられながら帽子を上に掛けた棒を持った女性の姿を配したもの（D）。

(D)

1795年バタヴィア共和国国章

　1810年ナポレオンによりオランダはフランスに併合される。フランス帝国併合下のオランダで使用された国章はナポレオンのシンボルである向かって右を向いた雷電を掴んだ鷲とオラニエ・ナッソウ家シンボルである矢束と剣を持ったライオン両方が描かれている（E）。

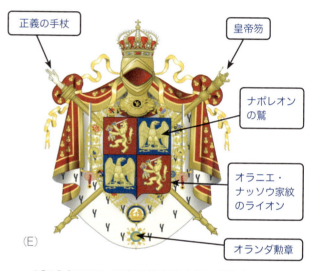

(E)

1810年フランス帝国併合下オランダ紋章

　1815年ナポレオンの失脚によりオランダが主権回復、ネーデルラント連合王国国章が制定される。国章は青い盾型紋章でオラニエ・ナッソウ家の青地に黄ライオンとネーデルラント紋章である独立当時の7州を表す7本の矢を持ち、剣をかざす黄ライオンを組み合わせたもの。クレストに王冠、サポーターは王冠を被り正面を向いた2頭の黄ライオン、背後に王冠を載せた赤い天幕、底部にフランス語 "JE MAINTIENDRAI"「我は擁護する」という標語を黄字で記した青いリボンを配したもの（F）。

(F)

1815年ネーデルラント連合王国国章

1907年国章が変更される。新しい国章は1815年制定の国章のサポーターである2頭のライオンを正面向きから互いに顔を見合わせる形、また天幕の色を赤から海老茶色に替えたもの（G）。

(G)　1907年オランダ王国国章

［3］ ロシア

　1721年ピョートル1世がロシア帝国初代皇帝に就任、国章が制定される。国章は赤い盾型紋章で胸にドラゴンを退治している聖ゲオルギィを描いた赤い盾を付け、足で宝珠と皇帝笏を持ち頭上に3個の皇帝冠を持つ双頭の黄鷲と黄色盾飾りを配したもの（A）。

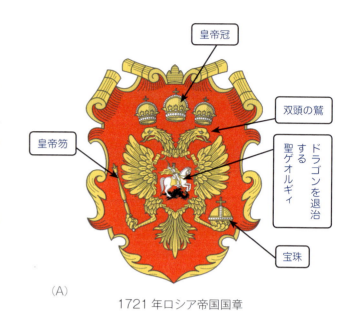

(A) 1721年ロシア帝国国章

　1730年国章が変更される。国章は胸に聖ゲオルギィの赤い盾を付け、広げた翼に向かって左上から反時計回りにカザンを表す白地黒鳥、アストラハンを表す青地黄色冠と剣、シベリアを表す白地2匹の黒テン、フィンランドを表す赤地黄ライオン、ヘルソン・タヴリダを表す黄地双頭の黒鷲、ポーランドを表す赤地白鷲の6領土の紋章を付け、足に宝珠と皇帝笏を持ち頭に皇帝冠を被り、更に頭上に青いリボンを付けた皇帝冠を置く双頭の黒鷲と盾の周りに聖アンドレイ勲章を配したもの（B）。

(B) 1730年ロシア帝国国章

　1858年領土の拡大と共に大きな複雑な国章に変更される。国章は黄色い盾型紋章で胸に聖ゲオルギィのドラゴン退治を描いた赤い盾を付け、足に宝珠と皇帝笏を持ち頭に皇帝冠を被り更に青いリボンを付けた皇帝冠を置いた双頭の黒鷲、クレストに兜、サポーターは剣を持つ天使ミハイルと杖を持つ天使ガブリエル、盾の背後に皇帝旗と皇帝冠を載せた黄色い天幕、盾の周りに聖アンドレイ勲章、周囲の樫の葉のリースの中に9領土の盾紋章、上部に6領土の小盾合体紋章を配したもの。

（C） 1858年ロシア帝国国章

9 領土は向かって左上から反時計周りに 1. カザンを表す青地黒鳥、2. ポーランドを表す赤地白鷲、3. ヘルソン・タヴリダを表す黄地双頭の黒鷲、4. ①ウラジミールを表す赤地黄ライオン、②ノヴゴロドを表す青地2頭熊、③キエフを表す青地聖ミハイルの合体紋章、5. ロマノフ王家を表す白地剣と盾を持つ赤グリフィン、赤地斧を持つ黄ライオン、黄地2頭の青ライオン、赤地3本白い矢、赤地白鳥、赤地白馬の騎士、6. フィンランドを表す赤地黄ライオン、7. ジョージアを表す白馬と赤ライオン、8. シベリアを表す白地2匹の黒テン、9. アストラハンを表す青地黄色冠と剣。

上部小盾は向かって左から右へ Ⅰ 北東地方：黄地弓矢のキーロフ、緑地白い羊のボルガ・ブルガリア、青地黒テンのサレハルド、緑地巨人のコンジンスキ、赤地シロクマのペルミ、Ⅱ 白ロシア・リトアニア地方：赤地白鷲と黄地騎士のビャウィストク、黄地黒クマのジェマイティヤ、青地茶馬のポラック、赤地騎士のブィーツェプスク、赤地白馬騎士のリトアニア、白地赤テンのムスツィスラフの紋章、Ⅲ ロシア大公国：青地赤いトナカイのニジノ・ノヴゴロド、青地2本槍のユゴラ、黄地剣士のリャザン、青地大砲のスモレンスク、青地雪豹のプスコフ、赤地玉坐のトヴェリ、白地黒クマのヤロスラブリ、赤地白トナカイのロストフ、青地魚二匹のベロゼロスク、黒地白テンのウドルスクの紋章、Ⅳ 南西地方：赤地白十字のヴォルーニ、青地黄十字と麦束のポドリスク、白地黒鷲のチェルニーヒウの紋章、Ⅴ バルト地方：黄地青ライオンのエストニア、赤地白グリフィンのリヴォニア、白地赤ライオンと青地白ヘラジカのクールランド・ゼムガレ、赤地王冠と二本剣のカレリアの紋章、Ⅵ 黄地黒ユニコーンのトルキスタンの紋章（C）。

1917年ロシア革命が勃発、ロシア帝国が崩壊。

1920年ロシア・ソビエト連邦社会主義共和国の国章が制定される。国章は社会主義国型紋章で黄色鎌とハンマー、昇る太陽、ロシア語国名略号を黒字で記した赤い盾、小麦穂のリース、底部にロシア語で「万国の労働者、団結せよ」という標語を黒字で記した赤いリボンを配したもの（D）。

(D)

1920年ロシア・ソビエト連邦社会主義共和国国章

1956年ソビエト連邦の国章が制定される。国章は社会主義国型紋章で共産主義を表す黄色縁取りの付いた赤い五角星、地球儀の上に黄色鎌とハンマー、昇る太陽、小麦穂のリース、「万国の労働者、団結せよ」という標語を白字で記した赤いリボンを配したもの。標語は向かって左上から下へトルクメン語、タジク語、ラトビア語、リトアニア語、ジョージア語、ウズベク語、ウクライナ語、真中はロシア語、右上から下へエストニア語、アルメニア語、キルギス語、モルドバ語、アゼルバイジャン語、カザフ語、ベラルーシ語の15各国語で記したもの（E）。

1956年ソビエト連邦国章

1991年ソビエト連邦が解体し、ロシア連邦が成立する。

1993年国章が制定され、双頭の鷲が復活する。国章は赤い盾型紋章で胸に13世紀からモスクワ大公国の守護聖人である聖ゲオルギィの赤盾を付け、足で宝珠と笏を掴み、頭に黄色冠を被り、更に黄色いリボンの付いた冠を置いた双頭の黄鷲を配したもの（F）。

1993年ロシア連邦国章

[4] フランス

　1364年フランス王国国章が制定される。黄色い三花弁のユリを配した青盾で中央の黄色いユリは信仰、左右のユリは信仰を支える騎士道と学問を表している（A）。

　1428年イングランドとの百年戦争が勃発、領土奪還をめざしジャンヌ・ダルクが活躍する。ジャンヌ・ダルクの使った軍旗はフランス王国を表すユリを散りばめた白いペナント。旗表は主の両脇に跪く天使、「JHESUS MARIA イエス、マリア」の標語、旗裏は王国国章に跪く天使、「DE PAR LE ROY DU CIEL 天空の王により」のフランス語標語を配したもの。この軍旗デザインの影響を受けて、後にブルボン王家は盾を支える天使とユリを散りばめた白旗の国旗を制定する（B）。

　1589年国章が変更される。国章は盾型紋章でフランス王国を表す黄色ユリの三花弁の青盾とアンリ4世が国王を兼ねていたスペイン・ナバラ王国を表す金鎖の赤盾、楯の周りに聖霊勲章を配したもの（C）。

（A）

1364年フランス王国国章

1428年ジャンヌ・ダルク軍旗　　（B）

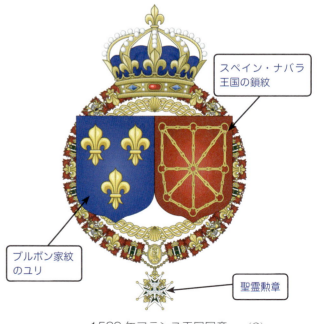

1589年フランス王国国章　　（C）

1789年フランス革命が勃発、王制が廃止される。共和国は王族、貴族に由来する物として国章を廃止したため現在もフランスは法制上、国章は存在せず、非公式国章を使用している。

1804年ナポレオンによる帝政に移行、国章が制定される。国章は青い盾型紋章で足元に雷電を配し、向かって右を向いた黄色い鷲、クレストに皇帝冠を載せた兜と黄色リボン、盾の背後に交差した正義の手を先端に付けた杖と先端に皇帝像を付けた皇帝笏、底部にナポレオンのNを入れたレジオンドヌール勲章、背後に不滅復活を表すミツバチを付けた赤い位階服を配したもの。ミツバチはメロヴィング朝シルデリック王のシンボルで1653年王墓から発見され、ナポレオンはブルボン王家のユリに対抗してより古い王家のシンボルのミツバチを採用したと言われる（D）。

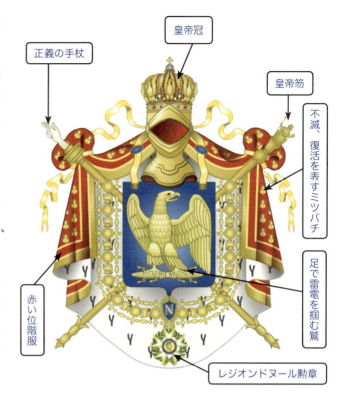

1804年フランス帝国国章　（D）

1815年ナポレオンが失脚し、ブルボン王家が復活し、国章が制定される。国章は青い盾型紋章で黄色いユリの三花弁、底部に聖霊勲章、背後に王冠を載せ、黄色ユリを散りばめた青い天幕を配したもの（E）。

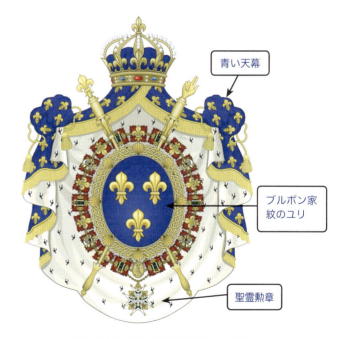

1815年フランス王国国章　（E）

1815年再び共和制となり国章が廃止される。

1852年ナポレオン1世の甥のナポレオン3世による帝政に移行、帝国国章が復活する（F）。

1871年帝政が廃止され、共和制に移行し、再び国章が廃止される。

1940年第2次大戦でドイツ軍がフランスを占領、親ドイツのビシー政権が誕生する。非公式国章を使用する。

非公式国章：国章はフランス語"TRAVAIL, PATRIE, FAMILLE"「労働、祖国、家族」という標語を黒字で記した白いリボンを付け国旗カラーと9個の黄色五角星で飾られた「フランキスカ」と呼ばれるフランク族の戦斧を配したもの（G）。

一方、ドゴール将軍による自由フランス軍が亡命先のロンドンに創設される。自由フランス軍旗は中央に赤いロレーヌ十字と呼ばれる二重十字を配した3色旗。ロレーヌ十字はイングランドに占領されたフランス領土を奪還した15世紀ジャンヌ・ダルクが使ったシンボル。これを自由フランス軍はドイツ軍に占領されたフランス領土を奪還するシンボルとして採用した（H）。

1852年フランス帝国国章　（F）

1940年ビシー政権非公式国章　（G）

1940年自由フランス軍旗　（H）

1944年ドイツが敗れ、主権が回復する。

　1944年非公式国章が採用される。非公式国章は青い楕円形紋章でフランス語 "LIBERTE, FRATERNITE, EGALITE"「自由、博愛、平等」という標語を黒字で記した金色のリボンを付けた束桿斧、勝利を表す月桂樹の枝と知恵を表す樫の葉、周りにレジオンドヌール勲章を配したもの（I）。

　1953年非公式国章が変更される。ライオンの頭を載せフランス共和国を表すモノグラムFRを配した黄色い盾、背後に古代ローマの執政官が正義のシンボルとして使った束桿斧、月桂樹の枝と樫の葉を配したもの（J）。

1944年フランス共和国非公式国章

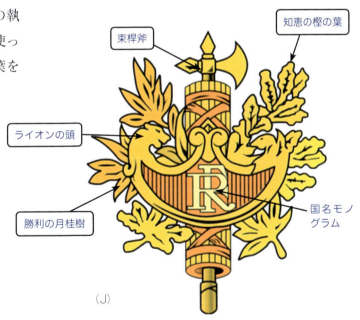

1953年フランス共和国非公式国章

[5] ドイツ

　1815年ドイツ連邦が成立し、国章が制定される。国章は黄色い盾型紋章で中に神聖ローマ帝国由来の翼を広げた双頭の黒鷲を配したもの（A）。

　1871年プロイセン王国が主導し、ドイツが統一され、ドイツ帝国が成立する。ビスマルク宰相により国章が制定される。国章は胸に黒白四分割小盾を抱き足で皇帝笏と宝珠を掴み冠を被り翼を広げるプロイセン黒鷲を描いた白い盾を付け、翼を広げる黒鷲、クレストに神聖ローマ帝国皇帝冠、鷲の首にプール・ル・メリット勲章を配したもの（B）。

　1918年第1次大戦に敗れ、ワイマール共和国が成立、国章が制定される。国章は黄色い盾型紋章で翼を広げた黒い単頭の鷲を配したもの。黒は勤勉、赤は熱血、黄は無上の名誉を表す（C）。

(A) 1815年ドイツ連邦国章

(B) 1871年ドイツ帝国国章

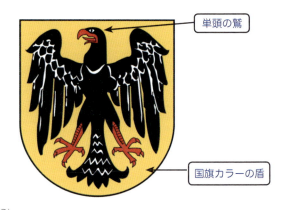

(C) 1918年ワイマール共和国国章

1935年ヒトラー率いるナチス党によるドイツ国が成立し、国章が制定される。国章は中にアーリア民族を表す黒いスワスチカを入れた樫の葉の円形リースの上で翼を広げた単頭の黒鷲を配したもの（D）。

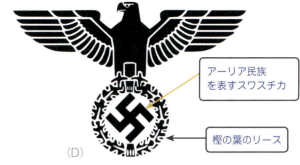

(D) 1935年ドイツ国国章

1949年第2次大戦に敗れ、東西ドイツに分裂。西ドイツ国章は黒鷲、東ドイツ国章はハンマーとコンパスを組み合わせた国章を使用する。西ドイツ国章は黄色い盾型紋章で翼を広げた単頭の黒鷲を配したもの。東ドイツ国章は社会主義国型紋章で工場労働者を表す黄色いハンマーと知識層を表すコンパスを交差させ、国旗カラーのリボンを巻いた黄色いライ麦穂のリースを配したもの（E）（F）。

(E) 1949年西ドイツ国章　　(F) 1949年東ドイツ国章

1990年ドイツが再統一され、西ドイツ国章が統一ドイツの国章となる。国章の黒は勤勉と力、赤は熱血、黄は名誉を表している（G）。

(G) 1990年統一ドイツ国章

国章と国旗の深い関係

（1） 国章が国旗の中に描かれる

イラン　　　赤道ギニア　　　スペイン　　　メキシコ

〈イラン国章〉（129 頁参照）

〈赤道ギニア国章〉

　　グレーの盾型紋章でパンヤの木を描く。1843 年バタのボンコロ王がこの木の下でスペイン王に忠誠を誓ったと言われる。クレストにこの国を構成するリオムニ、ビオコ島、アンノボン島、コリスコ島、大エロベイ島、小エロベイ島を表す 6 個の黄色い六角星、底部にスペイン語 "UNIDAD PAZ JUSTICIA"「統一、平和、正義」という標語を黒字で記した白いリボンを配したもの。

〈スペイン国章〉

　　四分割盾型紋章で第 1 クォーターはカスティリャを表す赤地黄城、第 2 クォーターはレオンを表す白地赤ライオン、第 3 クォーターはアラゴンを表す黄地 4 本赤縦縞、第 4 クォーターはナバラを表す赤地黄鎖、底部にグラナダを表す白地ザクロ、クレストに王冠、サポーターは冠を載せ、ラテン語 "PLVS VLTRA"「より彼方の世界へ」という標語を黄字で記した赤いリボンを付けた 2 本のヘラクレスの柱と青い波を配したもの。

〈メキシコ国章〉（144、177 頁参照）

（2） 国旗が国章の中に描かれている

イエメン　　ベルギー　　パナマ　　トーゴ

〈イエメン国章〉

　紀元前650年にマリブの山々に造られイエメン農業に貢献した石造りの灌漑用ダムと産物であるコーヒーの木、湖を描いた盾を胸に抱きホイストを向く黄色いサラディンの鷲、交差した2本の国旗、アラビア語で国名を黒字で記した黄色いリボンを配したもの。

〈ベルギー国章〉（152頁参照）

〈パナマ国章〉

　盾型紋章で第1クォーターは白地に国家の防衛を表す交差したサーベルと銃、第2クォーターは赤地に鉱業を表す交差したシャベルと鍬、第3クォーターは青地に国の豊かさを表す金貨の入った豊饒の角、第4クォーターは白地に進歩を表す黄色い翼を持つ車輪、中央横帯に沈む太陽と昇る月を描いたパナマ運河、盾の背後に4本の交差した国旗、クレストに国を構成する州数を表す9個の黄色い五角星、ラテン語 "PRO MUNDI BENEFICIO"「世界の利便のために」という標語を黒字で記した白いリボンを咥える茶色の鷲を配したもの。

〈トーゴ国章〉

　円形紋章で中心に国名頭文字RTを黒字で記した黄色の盾、背後に交差した2本の国旗、上部にフランス語 "UNION,PAIX,SOLIDARITE"「統一、平和、連帯」という標語を黒字で記した白いリボン、サポーターは伝統的な武器である弓矢を持ち外を向いて立つ2頭の赤いライオンを配したもの。弓矢は自由を愛する象徴、ライオンは独立を守る国民の警戒心を表す。

（3） 国章の色や主要要素が国旗に使われている

| アルメニア | インド | コンゴ共和国 | ハンガリー |

〈アルメニア国章〉

　　盾型紋章で中央に白いアララト山を描いたオレンジの盾を置き、第1クォーターは赤地に黄色い十字を背に走るライオンで9世紀バグラト朝の紋章、第2クォーターは青地に翼を広げた黄色の双頭の鷲で1世紀アルシャクニ朝の紋章、第3クォーターは青地に黄色い菊の花と互いに振り返る2羽の鷲で紀元前1世紀アルタクシアス朝の紋章、第4クォーターは赤地に十字を持ち正面を向く黄色いライオンで11世紀ルーベン朝の紋章、サポーターは黄色い鷲とライオン、盾の下に自由と独立を表す千切れた鎖、知性と文化を表す羽根ペン、国民の勤勉さを表す小麦束、リボンを配したもの。

〈インド国章〉（129、158頁参照）

〈コンゴ共和国国章〉

　　黄色い盾型紋章で中央に自由な国民を表す赤いたいまつを右手で持ち緑の舌と爪を持つ赤いライオン、中央にコンゴ川を表す緑の波線、クレストに主権を表す緑の密林冠、冠には7本の黄色い木の幹とフランス語国名を記した飾り輪が付いている。サポーターは力と尊厳を表す赤い台座に乗った2頭の黒象。底部にフランス語 "UNITE TRAVAIL PROGRES"「統一、労働、進歩」という標語を黒字で記した黄色いリボンを配したもの。

〈ハンガリー国章〉

　　13世紀アールパート王家のシンボル赤白8本の横縞、12世紀からハンガリーで使われている緑の3つの丘に立つ王冠と白い二重十字、盾の上に曲がった十字を付けた12世紀聖ステファン王冠を配したもの。

（4） 国章の中に国旗、国旗の中に国章が描かれている

ドミニカ共和国　　　　　ハイチ　　　　　エルサルバドル　　　　アフガニスタン

〈ドミニカ共和国国章〉（121頁参照）

〈ハイチ国章〉（154頁参照）

〈エルサルバドル国章〉

　円形紋章で法の下の平等と立法、行政、司法三権分立を表す黄色い輪郭線の三角形の中に中央アメリカ連邦構成国を表す5つの黄色い山、独立日である1821年9月15日と太陽光線の中に自由を表す赤いフリギア帽、その上に平和を表す虹、底部にスペイン語 "DIOS UNION LIBERTAD"「神、統一、自由」という標語を青字で記し、三角形の背後に5ヵ国を表す5本の国旗、周囲に青白のリボンで結ばれた州数を表す14の枝を付けた勝利の栄光を意味する月桂樹の枝のリースとスペイン語で「中央アメリカ・エルサルバドル共和国」と黄字で記されたもの。

〈アフガニスタン国章〉（135頁参照）

国章・国旗とスポーツの関係

　左図は日本が初めてオリンピックに参加した1912年に開催された第5回オリンピック・ストックホルム大会ポスター。

　日本は陸上競技に2名が出場したが、ポスター左上隅に日の丸が見られる。国際的なスポーツ大会では参加国の国旗・国章を目にする機会が多く、一般の関心も高まる。

右図は1964年第18回オリンピック東京大会の開会式。日本選手団の入場行進風景で国旗を持った旗手を先頭に行われる。選手団のウェアーも大概は国旗カラーを用いたものが多い。右図は東京大会で使われた各国選手ウェアーの胸を飾る参加国エンブレム集。当時日本ではドイツ語の「ワッペン」という言葉を使用していた。

開催国スウェーデンを始め、参加国国旗がモチーフ

1912年第5回オリンピック・ストックホルム大会ポスター

1964年第18回オリンピック・東京大会開会式

国章編

国章・国旗とスポーツの関係

1964年参加国エンブレム

　左上から右へ3個の王冠はスウェーデン、カンガルーはオーストラリア、ライオンのオレンジ盾はオランダ、赤白縦縞盾は米国、2列目シダはニュージーランド、白十字赤盾はスイス、キリンはタンガニーカ、新月旗はトルコ、3列目黄色い鶏はフランス、帆船の国章はトリニダード・トバゴ、白い輪郭線の青十字はノルウェー、チャクラはインド、4列目鷲の国旗はメキシコ、オリンピックマークの3色盾は統一ドイツ、赤白の菱形盾はモナコ、3色盾はイタリア、5列目国章入り3色盾はルーマニア、3色盾国章はハンガリー、青十字はフィンランド、カンムリツルはウガンダのエンブレム。

205

国章編

国章・国旗とスポーツの関係

　国章や国旗カラーはオリンピックなど国際スポーツ大会に出場する代表選手ユニフォームやエンブレムに用いられることが多い。

　左上図は赤白市松模様に赤白青のクロアチア・ボート選手。

　右上図は青白の縦縞ウェアーのアルゼンチン・サッカー選手。

　左下図は青黄黒のウェアーを着たバルバドス選手団。

　右下図は緑黄青に修道会十字のエンブレムを付けたユニフォームのブラジル・サッカー選手。

クロアチア

アルゼンチン

バルバドス

ブラジル

国を代表する紋章である国章は各国オリンピック委員会ロゴマークにも使われている。図は上段が国章で下段が国内オリンピック委員会ロゴマーク。

国章編

国章・国旗とスポーツの関係

オーストラリア
カンガルーとエミューが盾サポーター

ミクロネシア連邦
ヤシの木と4個の星

フィジー
パイナップル国章

ボツワナ
2頭のシマウマが盾サポーター

ハンガリー
二重十字国章

ウクライナ
三又矛

ブルンジ
ライオン盾に槍

ウズベキスタン
伝説の鳥フモ

国章編

国章・国旗とスポーツの関係

バングラデシュ	パキスタン	モナコ	ブルキナファソ
睡蓮の葉	三日月と星	赤白菱形盾	白馬

パラグアイ	ボリビア	サントメ・プリンシペ	ナイジェリア
ライオンと3色カラー	コンドル	カカオの実とヤシの木	鷲

国旗・国章一覧
（域旗・域章）

国旗・国章一覧の掲載順序は、世界をアジア、北米、南米、オセアニア、アフリカ、ヨーロッパの6大州に分け、それぞれの州の国を50音順に並べてあります。
アジアとヨーロッパにまたがるロシアはヨーロッパに載せました。国名は世界国政図絵2017/18年版などによります。

なお、トルコは準国章、日本は皇室紋章、フランスは準国章、リビアは仮国章です。

国旗・国章一覧

アジア

	アゼルバイジャン共和国	アフガニスタン・イスラム共和国	アラブ首長国連邦	アルメニア共和国	イエメン共和国	イスラエル国
	イラク共和国	イラン・イスラム共和国	インド	インドネシア共和国	ウズベキスタン共和国	オマーン国	カザフスタン共和国
	カタール国	カンボジア王国	キプロス共和国	キルギス共和国	クウェート国	サウジアラビア王国	ジョージア
	シリア・アラブ共和国	シンガポール共和国	スリランカ民主社会主義共和国	タイ王国	大韓民国	タジキスタン共和国	中華人民共和国
	朝鮮民主主義人民共和国	トルクメニスタン	トルコ共和国	日本国	ネパール連邦民主共和国	パキスタン・イスラム共和国	バーレーン王国
	バングラデシュ人民共和国	東ティモール民主共和国	フィリピン共和国	ブータン王国	ブルネイ・ダルサラーム国	ベトナム社会主義共和国	マレーシア

国旗・国章一覧

ミャンマー連邦共和国

モルディブ共和国

モンゴル国

ヨルダン・ハシェミット王国

ラオス人民民主共和国

レバノン共和国

北米

アメリカ合衆国

アンティグア・バーブーダ

エルサルバドル共和国

カナダ

キューバ共和国

グアテマラ共和国

グレナダ

コスタリカ共和国

ジャマイカ

セントクリストファー・ネーヴィス

セントビンセント及びグレナディーン諸島

セントルシア

ドミニカ共和国

ドミニカ国

トリニダード・トバゴ共和国

ニカラグア共和国

ハイチ共和国

パナマ共和国

バハマ国

バルバドス

ベリーズ

ホンジュラス共和国

メキシコ合衆国

南米

アルゼンチン共和国

ウルグアイ東方共和国

エクアドル共和国

ガイアナ共和国

コロンビア共和国

スリナム共和国

チリ共和国

パラグアイ共和国

ブラジル連邦共和国

国旗・国章一覧

ベネズエラ・ボリバル
共和国

ペルー共和国

ボリビア多民族国

オセアニア

オーストラリア連邦

キリバス共和国

クック諸島

サモア独立国

ソロモン諸島

ツバル

トンガ王国

ナウル共和国

ニウエ

ニュージーランド

バヌアツ共和国

パプアニューギニア
独立国

パラオ共和国

フィジー共和国

マーシャル諸島共和国

ミクロネシア連邦

アフリカ

アルジェリア
民主人民共和国

アンゴラ共和国

ウガンダ共和国

エジプト・アラブ共和国

エスワティニ王国

エチオピア連邦
民主共和国

エリトリア国

ガーナ共和国

カーボヴェルデ共和国

ガボン共和国

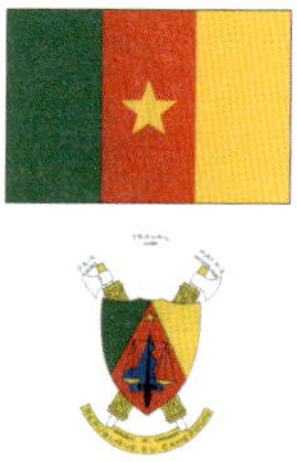
カメルーン共和国

ガンビア共和国

ギニア共和国

ギニアビサウ共和国

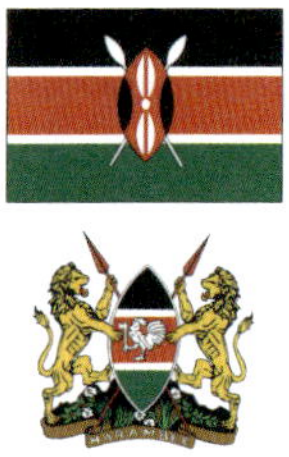
ケニア共和国

コートジボワール共和国

コモロ連合

コンゴ共和国

コンゴ民主共和国

サントメ・プリンシペ
民主共和国

国旗・国章一覧

ザンビア共和国	シエラレオネ共和国	ジブチ共和国	ジンバブエ共和国	スーダン共和国	赤道ギニア共和国	セーシェル共和国
セネガル共和国	ソマリア連邦共和国	タンザニア連合共和国	チャド共和国	中央アフリカ共和国	チュニジア共和国	トーゴ共和国
ナイジェリア連邦共和国	ナミビア共和国	ニジェール共和国	ブルキナファソ	ブルンジ共和国	ベナン共和国	ボツワナ共和国
マダガスカル共和国	マラウイ共和国	マリ共和国	南アフリカ共和国	南スーダン共和国	モザンビーク共和国	モーリシャス共和国
モーリタニア・イスラム共和国	モロッコ王国	リビア	リベリア共和国	ルワンダ共和国	レソト王国	

ヨーロッパ

アイスランド共和国	アイルランド	アルバニア共和国	アンドラ公国	イギリス（グレートブリテン・北アイルランド連合王国）	イタリア共和国

213

国際オリンピック加盟地域 域旗・域章

アルバ　英領バージン諸島　グアム　ケイマン諸島　台湾（チャイニーズ・タイペイ）　バミューダ

パレスチナ自治政府　プエルトリコ　米領サモア　米領バージン諸島　香港

国際パラリンピックのみ加盟地域 域旗・域章

マカオ　フェロー諸島

国際機構旗

国際連合　国際オリンピック委員会旗　国際パラリンピック委員会旗
国際赤十字　ヨーロッパ連合

「参考文献」
1. Vlaggen van Aller Natien　1862年オランダ　Steenbergen
2. Les Drapeaux Francais　1875年フランス　Le Comte L.Bouville
3. 世界国旗大鑑　1910年　日本　須基　浩
4. British & Colonial Flags　1912年イギリス　E.W.Cole
5. National Geographic Magazine 1917年米国 National Geographic Society
6. 列国旗章集　1928年日本　帝国海軍省教育局
7. 萬國旗　1938年日本　吉川晴帆
8. Turk Bayragi Ve Ay Yildiz　1938年トルコ　Fevzi Kurtoglu
9. Flaggen Buch　1939年ドイツ　Ottfried Neubecker
10. Flags of the World　1956年イギリス　H.Gresham Carr
11. Flags Through the Ages and Across the World 1975年米国 Whitney Smith
12. Banderas de Espana　1983年スペイン　Jose Luis Calvo Perez
13. Histoire du Drapeau Haitien　1986年ハイチ　Odette Roy Fombrun
14. 基準がわかる世界の国旗カード　1991年日本　久保照子
15. The World of Flags　1992年イギリス　William Crampton
16. Pavillons Nationaux　2000年フランス　SHOM
17. A Bandeira do Brasil　2000年ブラジル　Raimundo Olavo Coimbra
18. Atlas of Flags in China　2003年中国　Huang Ming Yan
19. The Iranian Banner from Ancient Time to Today 2005年イラン　N.Bokhtourtash
20. The South African Flag Book 2008年南アフリカ　A.P.Burgers
21. 世界の国旗と国章大図鑑五訂版　2018年日本　苅安 望

著者紹介
苅安　望（かりやす・のぞみ）

1949年千葉県生まれ。
旗章学研究者。日本旗章協会会長、旗章学協会国際連盟フェロー、米国フラッグ・リサーチセンターフェロー。
早稲田大学政治経済学部政治学科国際政治専攻。三菱商事株式会社入社し、東京本店、ニューヨーク支店、メルボルン支店、食料部門勤務を経てヤマサ醤油株式会社取締役国際部長・顧問を歴任し2015年退職。
2000年日本旗章学協会会長就任。2001年旗章学協会国際連盟加盟。2009年アジア初の国際旗章学会議開催。

著書：「世界の国旗と国章大図鑑」平凡社（2003年）、「こども世界国旗図鑑」平凡社（2009年）、「歴史とともに進化する国旗―世界の国旗図鑑」偕成社（2007年）、「世界の軍旗・翼章・国旗図鑑」彩流社（2007年）、「旗から見える海の世界史―世界海事旗章図鑑」彩流社（2008年）、「旗から見える世界史500年―列強植民帝国旗章図鑑」彩流社（2009年）、「旗から見える世界民族問題―番外編世界旗章図鑑」彩流社（2011年）、「月刊ちゃぐりん世界の国旗」家の光社（2011年5月～2013年4月）、「世界地方旗図鑑」えにし書房（2015年）、「決定版　国旗と国章図鑑」世界文化社（2016年）、「日本地方旗図鑑」えにし書房（2016年）、「改訂版　世界の国旗図鑑」偕成社（2016年）、「世界の国旗図鑑　国旗のぬりえ」世界文化社（2016年）、「日本地方旗図鑑　解読編」えにし書房（2017年）、「世界の国旗国章歴史大図鑑」山川出版社（2017年）、「歴史がわかる！世界の国旗図鑑」山川出版社（2018年）

国旗・国章の基礎知識
〈図解事典〉

2018年11月30日　初版第1刷発行

■著　者　　苅安望
■発行者　　塚田敬幸
■発行所　　えにし書房株式会社
　　　　　　〒102-0074　東京都千代田区九段南2-2-7 北の丸ビル 3F
　　　　　　TEL 03-6261-4369　FAX 03-6261-4379
　　　　　　ウェブサイト　http://www.enishishobo.co.jp
　　　　　　E-mail　info@enishishobo.co.jp

■印刷／製本　　株式会社シナノ
■組版／装幀　　板垣由佳

ⓒ 2018 Nozomi Kariyasu　　ISBN978-4-908073-59-5 C0022

定価はカバーに表示してあります
乱丁・落丁本はお取り替えいたします。
本書の一部あるいは全部を無断で複写・複製（コピー・スキャン・デジタル化等）・転載することは、法律で認められた場合を除き、固く禁じられています。